· 智慧供应链创新管理系列 ·

U0738999

精益供应链管理与运营

降本增效+绩效落地+战略优化+可持续竞争+盈利指南

柳　荣◎著

人民邮电出版社
北京

图书在版编目（CIP）数据

精益供应链管理与运营 ：降本增效+绩效落地+战略
优化+可持续竞争+盈利指南 / 柳荣著. -- 北京 ：人民
邮电出版社，2020.8（2023.11重印）
（智慧供应链创新管理系列）
ISBN 978-7-115-54255-7

Ⅰ．①精… Ⅱ．①柳… Ⅲ．①企业管理－供应链管理
Ⅳ．①F274

中国版本图书馆CIP数据核字(2020)第101315号

内 容 提 要

本书从精益供应链与物流管理的基本概念入手，以采购与供应链OTEP模型分析为核心，阐述如何将精益思想应用于供应链与物流管理的各项流程。

本书通过识别并消除流程中的七大浪费，介绍了实现精益的基本工具和高级工具，能帮助企业从零开始推进精益，使产业链各方展开更密切的协作。本书还介绍了评估精益的成功与失败、开展精益培训并建立团队的方法。

本书包含大量案例，可操作性强，具有一定的参考价值。

◆ 著　　　柳 荣
　　责任编辑　李士振
　　责任印制　周昇亮
◆ 人民邮电出版社出版发行　　北京市丰台区成寿寺路 11 号
　　邮编　100164　　电子邮件　315@ptpress.com.cn
　　网址　https://www.ptpress.com.cn
　　北京七彩京通数码快印有限公司印刷
◆ 开本：720×960　1/16
　　印张：15.75　　　　　　　　2020 年 8 月第 1 版
　　字数：258 千字　　　　　　2023 年 11 月北京第 6 次印刷

定价：69.80 元
读者服务热线：(010)81055296　印装质量热线：(010)81055316
反盗版热线：(010)81055315
广告经营许可证：京东市监广登字 20170147 号

自序

笔者一直有个心愿：真正系统地帮助国内众多企业实现成本优化，而非局部成本改善。今天，本书的出版算是完成了笔者的心愿。

每次与企业进行采购与供应链咨询项目沟通时，笔者明显感受到企业团队的学习能力特别强，知识的积累也很丰富，但他们说自己工作起来总是力不从心，有一种"明白了很多道理，却依然无法很好地完成工作"的感觉。

乌卡 [VUCA，即易变（Volatile）、不确定（Uncertain）、复杂（Complex）、模糊（Ambiguous）] 时代，在市场竞争加剧与客户差异化叠加的情况下，不少企业在经营发展中遇到了相当多的困难和问题，其中包括市场预期不准、竞争激烈、客户需求呈个性动态化、供应链周期过长、团队工作效率不佳等。尤其在当下经济形势下，企业要想解决发展与可持续的瓶颈问题，必须进行系统思考、积极创新、寻找新的供应链运营模式。

在传统供应链管理学理论中，改进采购流程与供应链、优化物流管理是提升企业竞争力的重要环节，哪个地方有问题就改进哪个地方，"头痛医头、脚痛医脚"。但当市场变化剧烈、竞争激烈时，自上而下的管理模式又往往难以找到理论逻辑，匹配出具体的解决方案。同时，不同部门的要求、具体管理策略的混乱，导致企业难以形成统一的逻辑与策略。

缺乏系统的管理模型与逻辑架构，企业会完全陷入供应链运营的各种试错风险中。虽然企业也积极采取各种措施，及时调整供应链经营策略、优化供应链各环节，以提升供应链的整体效率，但一个问题"解决"了，又会有另一个更大的问题"出现"，从而导致团队工作压力巨大，力不从心也就成为必然。

本书所讲的精益供应链管理着眼于从全局出发，帮助企业系统地解决问题。本书内容基于采购与供应链OTEP模型的4个维度框架来解决运营体系的相关问题。在采购与供应链OTEP模型中有4种供应链运营模式，本书将深入解读成本竞争导向的精益供应链，以期在系统化、精益化的思想指导下进行供应链管理，帮助企业，尤其是制造型企业重新审视、优化企业供应链竞争力，并落地实施精益供应链管理。

笔者在对采购与供应链 OTEP 模型进行研发和使用的过程中发现，从企业成本战略系统的构建出发，协助企业围绕精益成本供应链管理进行诊断与落地，能够最大限度地帮助广大企业提升成本优势竞争能力。因为精益供应链管理从供应链管理思想、组织流程、人员团队与绩效管理 4 个维度进行优化，不仅强调企业要通过内部管控来降低成本，同时要求供应链上下游不同环节的参与者能够充分、合理地利用并挖掘数据信息、杜绝浪费、赋能企业成本，将之结合起来促进决策，打通整个供应链，实现全面精益化成本管理。故精益供应链基于采购与供应链 OTEP 模型的 4 个维度的系统逻辑，从战略到战术、从框架到方案、从方法到落地进行管理，参与者只有协调一致、共同努力，才能构建起真正系统的竞争力，才能在市场平静时顺风顺水，在风暴来袭时坚如磐石。

精益化不是一个点，也不是一条线，而是一个立方体。企业必须从自身的供应链组织、供应链绩效、生产运营、供应管理、物流管理等多方面推动供应链转型，努力提升自身的供应链成本优势竞争力。可以说，企业一旦实现全面的供应链精益转型，必能提升效率、降低成本，规避未来航程中的艰险困境，获得"浩瀚星辰"。

本书着力阐述了企业应如何站在精益思想的基础上去看待和理解供应链，如何建立完善的精益供应链组织和流程，如何针对精益供应链进行预测、计划和生产，如何提升采购绩效、进行供应商精益管理、实现精益库存和精益物流。在这些方面所取得的成功，能够从不同维度帮助企业构建立体的精益供应链管理模式，从而帮助企业找到成本导向的精益供应链管理之道。

本书可以作为企业内部供应链诊断与优化的参考用书。企业也可以依据本书的内容建设基于成本的精益供应链。希望广大供应链管理者能够从本书中获得启发，从而激活思维，带领企业走向新的境界，而这也正是笔者多年来对采购与供应链 OTEP 模型孜孜不倦地探索的动力与心愿所在。

柳 荣

2020 年 7 月于深圳

前言

今天，制造时代已全面升级为智造时代，全球新一轮工业革命正在发生。新一代信息通信技术与制造业融合发展，成为新一轮科技革命和产业变革的主线。无所不在的智能制造正在改变人们的生产、生活方式，无疑也在改变企业供应链的管理方式。此时，建设、运营、管理精益供应链就显得尤为迫切。

精益管理，源自精益生产（Lean Production），是衍生自丰田生产方式的一种管理哲学。最初，精益管理在生产系统管理领域中实践成功，随后逐步延伸到企业的各项管理业务中，这一理念也由最初的具体业务管理方法上升为战略管理理念。

从采购与供应链OTEP模型来看，精益供应链管理与运营无疑最贴合当下我国企业的情况。这一供应链管理与运营思想，以成本优势为企业竞争定位，以按订单生产为主要服务方式，符合目前的实际市场竞争需要，且其应用简便易行、见效较快，能在较短时间内改变企业的管理运营面貌。

精益供应链管理与运营，绝非"精益 + 供应链"这么简单。

一方面，精益供应链管理与运营需要企业领导层谙熟精益思想体系，懂得其来龙去脉，了解其应用重点，能将之正确融入实际决策中。另一方面，精益供应链的管理与运营也要求企业内全体员工以实际行动，统一参与精益供应链的建设，无论是否属于采购部门，员工都要重视精益思想，并将其体现在供应链的管理运营的具体步骤上。只有同时满足"知"与"行"这两大条件，精益供应链的管理与运营才能获取全面成功。然而，自从精益思想被引进国内，讲解将之应用于供应链领域的方法的专著可谓凤毛麟角，对其如何改变供应链管理和运营的完整诠释，更是远少于实际需要。

鉴于此，笔者结合对采购与供应链OTEP模型的开发、研究、教学和应用实践，将日常工作成果加以汇总提炼，写成本书。

本书共分 8 章。第 1 章重点溯源精益管理思想，并从采购与供应链 OTEP 模型的应用角度对其进行分析，使读者领会精益供应链管理的理论根基。第 2 章论述精益供应链组织与业务流程的构建，帮助读者了解精益供应链的组织结构基础。第 3 章讲述精益供应链的计划、生产与落地运营。第 4 章讲述精益采购运营与成本控制，特别分析了精益采购与供应链管理的关系。第 5 章、第 6 章集中讲述供应商的相关内容，包括精益供应商管理、精益供应商辅导策略。第 7 章、第 8 章主要讲述精益库存的控制与仓库管理、精益供应链低成本物流实践等。

　　本书将采购与供应链 OTEP 模型的采购组织、采购绩效和采购思维这三大维度作为暗线，以精益供应链运营与管理流程为明线，将精益思想贯穿其中，有效地避免了"就精益谈精益""就供应链讲供应链"的弊端。

　　通过对本书的学习，读者既能够认识并遵循采购与供应链 OTEP 模型的建构过程，又能更为全面地理解如何将精益思想切实运用到供应链管理与运营之中。同时，本书案例丰富、理论扎实，既能让读者一看就懂，也能保证读者一学就会。相信通过对本书的学习，无论是企业高管还是普通员工，都能发现日常供应链管理工作中存在的不足，并凭借精益思想这一强大"武器"，从现实中找到正确的解决方法，提高企业在智造时代的核心竞争力。

编者

目录

第 2 章　精益供应链的组织与业务流程

第 3 章　精益供应链的计划、生产与落地运营

第 4 章　精益采购运营与成本控制

第 5 章　精益供应商管理

第6章　精益供应商辅导策略

第 7 章　精益库存的控制与仓库管理

第 8 章　精益供应链低成本物流实践

第 1 章

基于 OTEP 模型的精益供应链

　　构建精益供应链，要以精益思想作为理论指导，依据采购与供应链 OTEP 模型（下文简称"OTEP 模型"）架构的逻辑，深入把握 OTEP 模型中的精益思想的内涵，以及精益供应链企业的实施方案与运作特点。这样构建出的精益供应链方能固本强基，真正提升企业的竞争力。

1.1 什么是精益思想

在市场竞争激烈，多品种、少批量、高质量、短交期的环境下，成本已成为企业竞争时关注的焦点，越来越多的企业开始推行基于全系统成本的精益供应链管理。从精益思想的产生、形成、引入到大范围应用，对精益供应链的内在价值进行解读，是构建精益供应链的重要开始。

1.1.1 精益思想的产生与发展

精益供应链以精益思想作为理论指导，而精益思想则来自精益生产的实践。

精益生产（Lean Production），最早起源于日本丰田汽车公司的丰田生产系统（Toyota Production System，TPS）。该系统以低成本、零缺陷、高质量和人性化生产为特色，是与传统的大批量生产截然不同的生产方式。

"二战"之后，日本国内技术落后、资金不足，大批量汽车生产方式无法最大限度地降低生产成本。因此，丰田创造出多品种、小批量、高质量和低消耗的精益生产方式。这种生产方式将手工生产和大规模生产优点相结合，避免了高成本和单一化的缺点。

在精益生产模式下，企业生产的各个层次均使用擅长多技能的熟练工人小组，并采取灵活的自动化机器进行大量生产。从最终目标的差异来看，大规模生产的产品水准是有限的，如可接受的缺陷、可接受的最大库存水平、范围较窄的标准化产品等。精益生产的目标则在于尽善尽美，包括持续降低成本、零缺陷、零库存及保证产品种类多样。

目标差异决定了精益生产指导思想的独特，即通过生产过程的优化、技术的改进，理顺生产中的各种"流"，杜绝超量生产，消除无效劳动与浪费，让各种资源获得充分有效的利用，在降低成本的同时改善质量，达到以最少投入实现最大产出的目标。

美国人沃麦克和琼斯合著《改变世界的机器》一书中首次提出了"精益生产"概念。1996 年，两人再次合作出版了《精益思想》一书。该书对丰田的精益生产实践和理论进行了总结与升华，并首次提出了"精益思想"的概念。这本书从理论高度对精益生产包含的管理思维进行了归纳总结，并将其运用范围扩大到制造业以外的领域，外延到企业活动的不同方面。这一思想促使领导者对企业运营流程重新进行思考，消灭浪费继而创造价值。

精益思想的真谛是以越来越少的成本投入（包括较少的人力资源、机器设备、较短的时间和较小的场地）创造更多的价值，由此提供客户真正需要的价值。

因此，在实践精益思想的过程中，对价值进行精准定义是第 1 步，确定每个产品的全部价值是第 2 步，让必要的创造价值的步骤流动起来是第 3 步。而这些步骤的结果，则凝聚为成本的不断下降。

例如，原本需若干天才能完成的原材料订购手续，在几小时之内办完，这使传统原材料的准备时间从几周减少到几天。

当成本不断下降，企业即可进行第 4 步。此时，企业应跟上不断变化的客户需求，以此"拉动"生产，而不是将客户不想要的东西硬塞给他们。

完成上述步骤并不意味着企业的最终成功。只有使其不断循环、成本不断下降、客户需求不断被满足，企业才能进入新境界。只有永不停止地追求尽善尽美，企业才能实现真正的精益。

在执行中，精益思想的精髓可以用 8 个字概括，即"消灭浪费、创造价值"。

浪费是指所有不增值的活动导致的成本浪费，即超过增加产品价值所必需的物料、机器设备、人力资源和场地等。从最终客户的角度观察，凡是会增加成本而未能增加产品（或服务）价值的一切事物都属于浪费，因为其中所有的成本都需客户买单。

浪费包括两种，一种为所有不增加价值的活动，另一种为虽增加价值但使用的资源超过了"绝对最少"的活动。这些活动被分为以下 7 种类型，分别是过量生产的浪费、等待时间的浪费、运输的浪费、库存的浪费、过程过剩的浪费、动作的浪费、产品缺陷的浪费。表 1.1-1 所示为生产中的 7 种浪费。

表 1.1-1　生产中的 7 种浪费

序号	浪费类型	主要内容
1	过量生产	制造过早或过多
2	等待时间	人员等待、设备等待
3	运输	占用运输设备、工具、人力、时间，运输过程中损坏物料或产品
4	库存	原材料、成品库存，生产过程中在制品的库存等
5	过程过剩	不必要的工作、多余的流程或加工、进度过快
6	动作	不创造价值的动作、不合理的动作、效率不高的动作
7	产品缺陷	返工而导致设备与人力资源的损失、废品的损失等

精益思想给企业领导者提供了与以往截然不同的思维方法，使他们利用新的生产方式来创造价值、提高产品或服务的效益。当企业真正成功实施了由这一思想主导的变革，内外经营环境就会发生显著变化。

1. 客户对企业充满信心

精益思想的执行，会让与客户直接利益相关的业绩指标质量大幅改善，包括按期交货率、退货率、交期等。这些指标质量的改善都能让客户更认可企业价值，并愿意配合企业要求，如均衡订单、建立长期合作关系等。

2. 企业能力显著提升

企业利用精益思想不断发现浪费、消除浪费、持续改进、尽善尽美，其对内对外的管理能力由此明显提升。

例如，为提高产品竞争力，企业会在利用精益思想改善自身的同时，扶持和帮助供应商。供应商能力提升时，则会反过来回馈企业，从而促使整个供应链不断成长。

3. 保持竞争位置

企业实施以精益思想为指导的变革后，将在成本与时间上获得巨大优势，从而压制竞争对手。即便竞争对手了解到精益思想的重要性，也会在精益变革的过程中相对落后。此时，企业只要持续进行精益变革，就能始终处于领先位置，从而拥有相对良好的竞争环境。

总之，精益思想的运用，可以给企业带来与众不同的竞争优势，使企业获得持续高效的发展。

1.1.2　丰田模式与精益供应链

供应链是指围绕核心企业，从制造配套零件开始，到制成中间产品和最终产品，最后将产品送到客户手中的功能网链结构。这一结构包含供应商、制造商、分销商及最终客户，通过其内部的有机链接形成一个供应整体。

供应链的概念是从扩大生产的概念发展而来的，它对企业的生产活动进行了前伸与外延。精益生产模式将供应商活动看作生产活动的有机组成部分，可以由企业主动进行控制和协调，这就是精益供应链的雏形。

此后，学者哈里森提出供应链是执行采购原材料，将它们转变为中间产品和成品，并且将成品销售给客户的功能网链。史蒂文斯则提出供应链就是通过增值过程与分销渠道来控制从供应商到客户流，其始于供应的原点，终于消费的终点。综合以上观点可知，供应链实际上就是通过计划、获得、存储、分销、服务等活动，在客户和供应商之间形成的链接。正是这种链接，让企业能不断满足客户的需求。

当企业因竞争激烈、成本加剧的市场现状意识到成本导向型供应链的重要性并开展精益化研究之后，精益供应链就顺势而生了。

精益供应链来源于精益管理，其丰富了精益管理的应用范畴，丰田模式就是精益供应链的典型呈现。在从产品设计到客户消费的过程中，企业对每个步骤、每个合作伙伴加以整合，以便迅速响应客户多变的需求，减少并消除整个流程中的浪费，用尽可能少的资源最大限度地满足客户需求。由此形成的供应链即称为精益供应链。

同时，精益供应链也是特殊的网链组织，通过产品（服务）流、资金流和信息流，在企业的上下游之间协同，并通过高效拉动提供能满足客户需求的产品或服务。

精益供应链的出现，能帮助企业减少浪费、降低成本、缩短操作周期、提供强化价值，最终提升企业的竞争力。

因此，在 OTEP 模型中，精益供应链尤其适用于竞争产品种类少、数量需求大的生产制造企业。这也是笔者在给企业做咨询时最深的体会。

系统来看，精益供应链上的任何一个参与者都需有全局观念。参与者不仅要考虑其直接下游参与者的需求，还应尽可能考虑最终客户的需求，将设计、采购、制造和销售四大方面融为一体来降低成本。设计部门依据价值工程 / 价值分析来进行设计；采购部门以最优价格完成适量采购；制造部门以最小消耗提高生产速度；销售部门以最低销售成本获取最大销售利润。成本管控包括管控上游供应商和下游渠道商，只有这样才能达到以尽可能少的资源满足客户需求，从而创造最大价值的目的。笔者在对咨询辅导的企业进行的早期调研中发现，企业内部供应链发展往往遭遇各自部门 KPI（Key Performance Indicator，关键绩效指标）最大化，但企业缺乏系统的盈利能力的问题，于是企业的供应链之路通常是"按下葫芦浮起瓢"，一个部门降低的成本由其他部门买单，也牺牲了企业的整体利益。

构建和应用精益供应链，需专注于创造价值的流程，使客户满意。同时，也要激励员工积极消除浪费，将注意力放在价值创造活动上，以持续的改善来解决问题。例如，通过单件流与及时供货，缩短交付的时间；通过对执行力的加强，建立可视化、可预测、可快速响应需求的供应链；通过依据客户需求产生的节拍，进行正确的采购、制造和销售。

1. 运营特征

从整体上看，诞生于丰田模式思想的精益供应链，具备以下运营特征。

（1）战略目标性。企业有各自的竞争战略和供应链支撑战略。这要求企业将精益供应链提升到战略高度来看待。以市场需求为导向，以客户拉动为动力，以消除浪费为基础，以快速响应客户需求并提高其满意度为目标。

（2）资源观念。在供应链管理的视野里，精益供应链将上游供应商和下游客户都纳入资源战略规划中，并进行有效整合、协调和利用，而并非仅仅局限于企业内部资源。

（3）驱动方式。精益供应链在精益生产技术、JIT（Just In Time，准时制）生产方式、并行工程等系统的支持下，以客户需求作为打造供应链的驱动力，力求成功实现对客户个性化需求的快速响应，并降低总库存水平。

（4）组织架构。企业实施精益供应链，需对组织机构进行转变，即将以项目为导向的矩阵型组织结构，转变为以客户和价值链管理为导向的流程型组织结构。

（5）绩效导向。企业实施精益供应链，需要制定基于精益供应链的绩效管理方案、管理指标及考核方式，以支撑企业战略。

（6）职业化。精益供应链的顺利落地需要一个掌握精益思想、工具与方法的供应链职业人，其无论是在对精益的认识上，还是使精益思想落地方面都是支撑企业进行精益管理的关键人物。

2. 成熟模型的特点

目前，精益供应链的落地已经有多个成熟案例，这些案例企业运用精益供应链模型取得了非常好的经济效益，如丰田、佳能、三星等，这些模型中的很多特点对各种规模的企业都适用。因为从实施精益供应链的企业案例来看，其实施落地过程主要包括以下特点。

（1）多种少量的竞争环境。客户需求多种少量、市场竞争激烈，低成本是企业当下的主要竞争方向。

（2）符合 JIT 标准的采购。企业以少量、频繁的交货方式取代订立大宗合同的方式，这样供货商和企业的生产程序能紧密结合。

（3）减少准备工作。将准备工作看作无法带来价值的活动，减少采购、生产和销售流程中的准备工作。

（4）统一完工。按照内外客户要求的速度，协调生产工序的各个环节。

（5）"拉动"系统。应用卡片系统，确保按需（即客户的要求）生产部件。不允许为"以防万一"而进行生产，避免出现不必要地占用和消耗资源的情况。

（6）质量标准。设计产品、工序和供货方的质量保证计划，确保从生产之前的关口就按照应有标准进行。

（7）员工参与度。精益供应链会带来企业文化的重大转变，这种转变只有员工全面、全程参与才能顺利实现。

（8）设备标准化。通过设备标准化建设，确保供货方、企业、运输方、销售方能共同对设备兼容性和标准化进行投资，确保其在不同运输地点、不同储存方式之间的高效转换。同时应构建机器小组，即按照产品和部件，而非工作种类对机器和工人进行分组。

（9）存货与需求管理。为加强对需求的预测，减少存货造成的成本浪费，必须用有限的资源对需求变动进行管理。例如，摒弃传统储存方式，由企业直接为客户送货、换装和分段运输等。又如，在存货控制中，应用交货预约系统控制到货数量，用计算机模型系统预测销售水平，运用信息手段保持配送网点和客户之间的通信，等等，这些都是至关重要的。

（10）动态存储。在精益供应链中，不提倡"以防万一"的存储运作方式，主张运用"动态存储"方式，即将刚到的存货直接转运到对应的装货门。这种存储方式能产生良好效果：货物在存储系统中停留的时间更短、一件物品被搬运的次数更少、计数物品的频率更低、操作所需空间更小等。这些举措不仅能降低运作成本，还能通过加快工序速度，减少存货损坏的风险并提高服务质量。

1.2 OTEP 模型架构

基于 OTEP 模型的精益供应链的运营规则与逻辑是什么？包含哪些模式与要素呢？中小型企业应如何通过精益供应链实现盈利呢？有哪些措施与方案章程呢？

企业的任何经营运转，都应为实现战略目标而服务，从而实现企业的可持续竞争与盈利。精益供应链的逻辑同样如此。

从外部粗略的流程来看，采购与供应为生产制造服务，而生产制造则为市场竞争战略服务。因此，只有当"采购—生产—销售"连成一环后，再加入计划环节，整个供应链才能为企业战略服务。

想要了解如何构建精益供应链，并实现企业的可持续盈利，企业可以从精益供应链的逻辑开始，OTEP 模型架构是一个非常不错的着眼点，可用于思考建立企业的精益供应链并将其实施落地的整体解决方案。

1.2.1 OTEP 模型

企业竞争力的成功建立在于全局化的设计，而不能只注重局部优化。

OTEP 模型是一个现代企业的采购与供应链管理全局系统方案，它是基于企业成本与竞争需要，从企业整体优化出发，通过组织 O（Organization）、思维 T（Thinking）、绩效 P（Performance）与操守 E（Ethics）4 个维度建设采购与供应管理体系的先进运营模型。笔者也曾辅助企业实际运用 OTEP 模型，帮助企业构建盈利系统竞争力并提升其采购与供应链运营团队的关键技能，从而推动企业采购与供应链的健康可持续发展，也为企业的发展注入了知识和技能动力。

OTEP 模型从战略到策略的解码保障着企业竞争的传承性，从策略到实践的转化支撑着企业的实践与执行方案。通过企业战略解码，构筑企业组织流程、企业文化与思维、团队职业化及绩效导向，将企业的竞争力转化到体系、人员与工作的维度落地，最后通过绩效执行，对照企业战略进行反馈与优化，最终实现企业竞争战略与实践的可持续优化管理闭环。图 1.2-1 所示为 OTEP 实践模型。

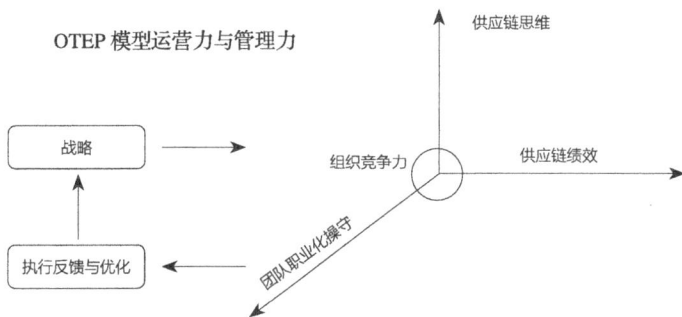

图 1.2-1　OTEP 实践模型

（1）战略。战略是企业运营的根本与方向，企业的一切经营活动与行为都是为实现企业战略而进行策划与实践的过程。战略是企业基于竞争环境与资源优势的考虑，用于表达企业未来的愿景与方向的结果，是企业经营的出发点与终结点。在 OTEP 模型中，通过市场需求对产品的"数量—种类"属性进行分析，以确定企业的竞争优势和战略。

（2）组织。为实现企业竞争战略，需要什么样的组织来支撑？企业需要思考的是什么样的组织形态与架构能够最有效地理解并满足客户需求，怎样的组织流程能实现战略意图，有效的激励机制是什么，以及如何提升组织的竞争力并降低运营成本和运营风险。

（3）思维。在企业的战略架构与价值策略下，企业应有效理解企业目标与客户需求，从而建立强化目标任务的统一的思维与系统观念，包括企业文化。

（4）职业化操守。企业需要考虑的是使战略能够被有效执行，员工必须具备的职业化需求有哪些，企业战略什么时候需要什么样的人来执行，等等。这里的职业化操守包括员工对工作的认识、个人性格、心理心态、意识和价值观等方面。一位职业化人士应该具备的职业素养包括忠诚、专业、勤奋、公平、诚信、正直、敬业、积极等。

（5）绩效。绩效是实现战略的发动机，战略不同，绩效指标也差异巨大，因此企业需要设置战略落地的绩效体系。企业需要考虑支撑企业竞争战略的关键业务是哪些、其绩效指标有哪些……特别需要指出的是，经常有学员向笔者索要其他企业的采购与供应链绩效体系来"参考"，这是不理解 OTEP 模型绩效的底层逻辑与原理的表现。莎士比亚说："一千个观众眼中有一千个哈姆雷特。"同样，一千个企业就有一千个差异化的绩效方案，哪怕这些企业都处于相同的行业——但不同企业的战略不同，绩效方案也就不同。

战略是 OTEP 模型的终结点，也是出发点。在模型设计中，组织、思维、绩效与职业化操守都被用于支撑企业战略。同时在运营与管理中，企业会将经营的结果与战略目标进行对比，对比得出的结果将成为其系统优化与改善的依据。

1.3　OTEP 模型下的精益供应链

OTEP 模型让组织从无规则的"布朗运动"转变为有序运动，使组织上下对齐，同心协力。

OTEP 模型基于企业竞争战略，从组织优化、供应链思维、绩效管理与职业化 4 个维度，构建从战略到战术的全系统落地架构，对精益供应链方案在企业中的实施进行全面分析，并为企业自行构建 OTEP 模型下的精益供应链提供模型架构与理论依据，从而真正提升企业的可持续盈利能力。

1.3.1 企业竞争战略类型

企业的战略有多种表达方式，但内在核心却相同，"持续经营，获得利润，长远发展"。因此，也有人将企业战略依据企业的发展阶段进行分类，分为生存战略、发展战略、转型战略等；还有人认为战略即取舍，舍弃无关的专注，以盈利为导向。想要实现该目标，企业必须有充分的价值竞争优势。

接下来，我们对 OTEP 模型的企业运营与实践的整体思路作系统性介绍。

在着手打造供应链之前，企业领导者必须扪心自问：我的企业凭什么赚钱？企业的竞争优势何在？

笔者在《采购与供应链管理》（柳荣著，人民邮电出版社）一书中指出：从现实来看，在全球范围内，企业构建竞争优势的方式很多，主要分为 4 种。表 1.3-1 所示为企业的竞争优势类型及对应的代表企业。

表 1.3-1　企业的竞争优势类型及对应的代表企业

竞争优势	代表企业
技术创新	苹果
客户体验	IMAX 公司、奔驰
产品质量	雷克萨斯
成本领先	小米

随着互联网应用与新技术的发展，很多企业开始实施差异化的竞争战略，这就值得更多人认真思考：企业当前与未来的战略是什么？企业是否有必要改变竞争战略？

只有确定好竞争战略，才能准确地思考战略协同与传承如何开展。这样企业才能集中所有资源与力量使绩效最大化。因此，从企业竞争战略中能推导出供应链战略，供应链战略进一步决定制造、服务、采购与物流战略等。

企业竞争战略逻辑结构如图 1.3-1 所示。

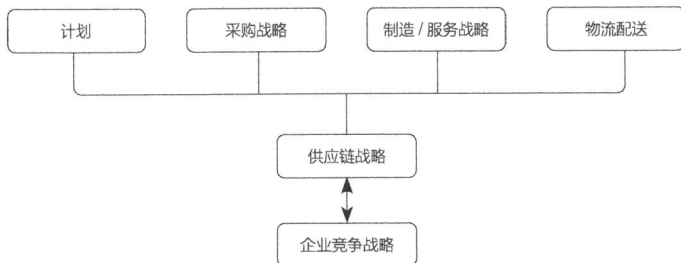

图 1.3-1　企业竞争战略逻辑结构

从图 1.3-1 可以看出，企业竞争战略影响着企业的供应链战略，而供应链战略中的各个部分都会影响供应链战略本身，并反过来影响企业竞争战略。因此，自上而下地理解供应链需从企业战略开始。这也是笔者帮助企业构建 OTEP 模型下的精益供应链的起点。

1.3.2　OTEP 模型基于企业竞争战略的四大供应链逻辑分解

为了让企业管理者能设计并有效落地实施精益供应链，我们引入完整的 OTEP 模型的逻辑架构进行讲解。

梳理并确定企业的竞争战略是 OTEP 模型下的精益供应链落地的基础与前提。特别需要指出的是，在以往的精益供应链咨询项目中，部分管理者总认为建构精益供应链是供应部门的事情，属于部门层级属性，无须上升到企业战略层面。其实，供应链属于企业级别的范畴，就如丰田精益供应链，不仅仅涉及供应部门，它还包括设计、计划、采购、生产、销售、仓储与物流，甚至上游供应商的精益化协同。如果不理解企业战略，供应链设计就是"无源之水""无本之木"，因此不少知名企业的供应链部门负责人往往也是企业的副总裁。

当然企业战略的梳理方法有多种，但企业从产品角度进行梳理更有利于识别战略方向和构建企业的供应链。

为解释与对比，利用 OTEP 模型结合市场需求和产品的"种类—数量"PQ 二维坐标来分析与确立竞争战略，通过直观地绘制四象限图来帮助理解。图

1.3-2 所示为 OTEP 企业战略四象限图（由于图形层层外扩，也形象地称为 OTEP 模型雷达图）。

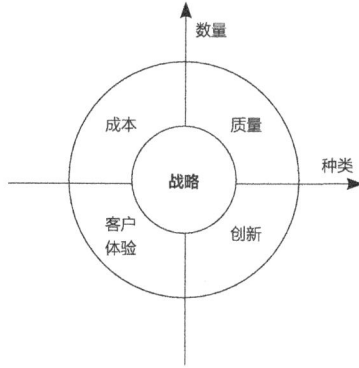

图 1.3-2　OTEP 企业战略四象限图（OTEP 模型雷达图）

结合图 1.3-2 的内容可以看出，企业应依据自身提供的产品与服务的市场需求状况，确认适合自身参与竞争的战略立足点与方向。找到战略立足点后，可以进一步以表格的形式展现不同竞争战略的区别。

企业确定竞争战略之后，需有对应的供应链运营方式来进行支持。供应链运营方式与商业模式的价值相似，主要在于有效梳理并确定制造或服务模式、订单处理模式与采购模式，体现企业竞争战略的全盘逻辑。

表 1.3-2 所示为不同竞争战略的区别。

表 1.3-2　不同竞争战略的区别

象限	产品需求种类	产品需求数量	竞争战略定位
第一象限	多	多	质量战略
第二象限	少	多	成本战略
第三象限	少	少	客户体验战略
第四象限	多	少	创新战略

通过对表 1.3-2 进行综合分析可知，企业应根据种类与数量的对应关系确立4种竞争战略定位,不同的企业竞争战略定位可导出不同的供应链管理方案。

图 1.3-3 所示为 OTEP 供应链模型雷达图。

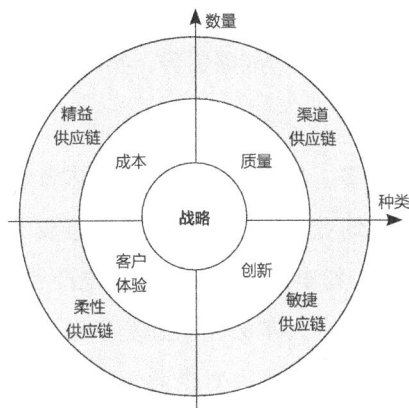

图 1.3-3　OTEP 供应链模型雷达图

结合图 1.3-3 所示的 OTEP 供应链模型雷达图的内容，可导出不同竞争战略下的供应链类型，如表 1.3-3 所示。

表 1.3-3　不同竞争战略下的供应链类型

象限	产品需求种类	产品需求数量	竞争战略定位	供应链类型
第一象限	多	多	质量战略	渠道供应链
第二象限	少	多	成本战略	精益供应链
第三象限	少	少	客户体验战略	柔性供应链
第四象限	多	少	创新战略	敏捷供应链

企业根据市场需要的产品的种类与数量的不同，可推演出不同的竞争战略，以便有效参与市场竞争。在此过程中，企业可以选择 4 种不同的供应链。

1. 渠道供应链

市场需要的产品数量很多、种类也很多，企业供应链的管理需要有庞大的团队。团队需对质量、交期、服务、成本等要素进行管控。由于涉及的产品多样，管理成本高且效果不尽如人意。于是很多企业将有共性的产品交由几个专门的渠道商管理，以此来节约成本、提高效率。如国际大型连锁超市的采购品种多、数量也大，往往会委托渠道商进行采购。同时，采购的产品偏向标准化、功能型，如矿泉水、牛奶等。因为产品量大，而且为功能型产品，故渠道供应链通常以高质量为竞争战略优势，实现长久可持续发展。

2. 精益供应链

市场需求产品数量很多、种类少，市场同质化竞争比较激烈，最后只能拼价格决定胜负。这种市场竞争下的供应链强调总成本导向，即通过精益供应链的运营来降低总成本，如丰田汽车、传统家电产品。

我国现在市场竞争激烈，大多数企业的竞争集中于价格，因此，如何通过构建精益供应链提升企业竞争力，对企业，乃至我国的产品竞争来说都至关重要。

本书讲述的就是精益供应链构建、运营、落地的完整方案，笔者也期望本书能为我国企业的精益化供应链的构建贡献微薄力量。

3. 柔性供应链

企业产品数量少、种类也少，市场竞争通常采用个性化定制模式，由于需求的个性化，供应链通常需进行柔性响应，如高端产品定制行业。

4. 敏捷供应链

企业产品数量很少、种类很多，通常采用大规模定制、模块化生产的模式。该类型的供应链强调个性化与快速响应，如戴尔电脑。

在供应链的分类中，渠道供应链与精益供应链比较偏向于功能型产品，故将此二者称为功能型供应链，常见于日常生活中使用的产品，如汽车、电视机、桌子、毛巾等；柔性供应链与敏捷供应链偏向于快速反应类产品，故将二者称为快反型供应链，常见于生命周期短的产品，如快消电子产品、化妆品、时尚品等。

随着市场的竞争的日益激烈、市场的差异化与个性化需求的不断变化，不少企业为满足市场需求将功能型供应链向快反型供应链转化，服装行业就是比较典型的例子。

正如前文所述，目前在我国大多数企业的生产运营实践中，生产的产品种类少、数量多、市场竞争激烈、价格关注度高，是企业经营者面对的不争的事实。鉴于此，企业必须花费大量的时间与精力在优化管理与降本增效上，这也符合精益供应链的竞争逻辑。

因此，我们需要系统考虑精益供应链战略、战术、工具与团队的整体方法。笔者也发现不少企业通过导入精益生产降低制造成本，导入价值工程 / 价值分析降低研发成本，导入平衡计分卡提升员工绩效，从而优化企业流程项目、提高效率并取得了一定的效果。有时候局部绩效的提高并非表示企业整体利益提升，因为企业是一个相互制约又相互影响的系统。因此，我们需要进行系统的设计，从企业竞争战略维度出发，将企业战略竞争优势与供应链相结合，使运营系统的精益供应链不断推演，形成长远的产品与服务竞争优势。

1.3.3　OTEP 模型基于四大供应链的逻辑分解

为进一步明确自身的竞争定位，企业需要从精益供应链的特点入手去构建精益供应链竞争战略模型。

为了让大家清楚 OTEP 模型的战略链接逻辑，我们继续将 4 种供应链同时进行展开，让各位读者能清楚其中的思路。

图 1.3-4 展示了供应链竞争战略模型雷达图。

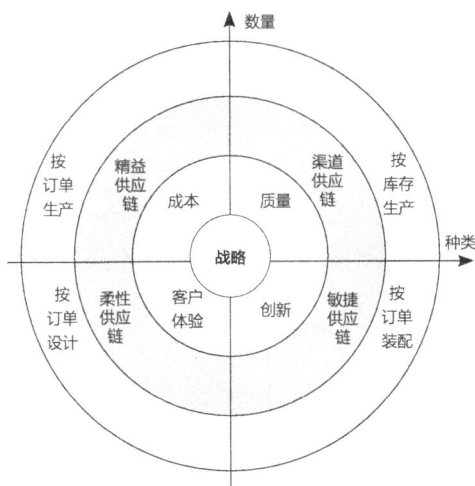

图 1.3-4　供应链竞争战略模型雷达图

根据供应链竞争战略模型雷达图可以看出，不同的供应链运营方案需要匹配不同的生产 / 服务方式，即供应链不同，生产方式也有所不同。表 1.3-4 展现了供应链竞争要素的对比。

表 1.3-4　供应链竞争要素的对比

象限	产品需求种类	产品需求数量	竞争战略定位	供应链类型	生产 / 服务方式
第一象限	多	多	质量战略	渠道供应链	按库存生产
第二象限	少	多	成本战略	精益供应链	按订单生产
第三象限	少	少	客户体验战略	柔性供应链	按订单设计
第四象限	多	少	创新战略	敏捷供应链	按订单装配

在此基础上，将供应链竞争优势与供应链相结合，并不断细化，修改企业的物流库存方案，并修改企业的采购管理逻辑方案，即可得到图 1.3-5 所示的采购与供应链竞争模型雷达图。

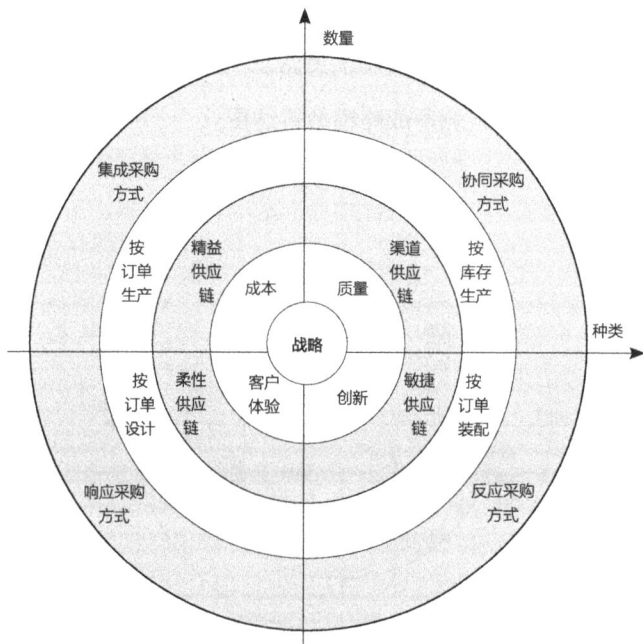

图 1.3-5　采购与供应链竞争模型雷达图

通过品类分析来决定企业的竞争战略，再通过供应链战略推导出企业的 4 种采购战略。不同的企业竞争战略需有不同的供应链战略、生产制造战略、库存物流战略及采购战略来支撑。每种采购战略都应有各自的采购思维、团队要求、采购策略、绩效要求、供应商管理方法、成本管控方案与合作商务方式。表 1.3-5 所示为采购与供应链竞争模型的详细对比。

表 1.3-5　采购与供应链竞争模型对比

象限	产品需求种类	产品需求数量	竞争战略定位	供应链类型	生产／服务方式	采购战略
第一象限	多	多	质量战略	渠道供应链	按库存生产	协同采购
第二象限	少	多	成本战略	精益供应链	按订单生产	集成采购
第三象限	少	少	客户体验战略	柔性供应链	按订单设计	响应采购
第四象限	多	少	创新战略	敏捷供应链	按订单装配	反应采购

在 OTEP 模型中，特别强调战略与战术对接、工具与方法协同。如果上层战略与下层战术无法对接，不但提升不了企业的整体竞争力，还会损耗企业的战略资源。

制定战略就是进行取舍，企业应有所为，有所不为。只有明确了这一点，企业才能在清楚了解产品需求种类和数量的特点之后，正确地看待精益供应链。精益供应链竞争模型的竞争战略定位为重视成本，生产／服务方式为按订单生产。因此，企业一旦决定使用该类型的供应链，就应积极推动按订单生产的生产／服务方式，同时应采取集成采购的采购战略来降低成本。

这也是笔者在做精益供应链咨询项目时推崇的，不仅仅要在工具、方法等"术"的方面进行改善，还要着眼于战略系统"道"的视野，二者互为支撑，只有这样才能给企业带来可持续的绩效改善。

这里特别强调一下，从另外一个角度看，供应链的梳理也是一个商业模式的梳理，即思考企业为获得竞争力，应该有一个怎样的商业模式（供应链运营体系）来支撑。也正因为此，商业模式绝非一个点子、一个想法，而是从想法到落地运营的整体方案。

1.3.4　基于 OTEP 模型企业竞争战略下的精益供应链

一个企业的供应链是否永远无须改变？精益供应链是否可以扮演"包治百病"的万能药的角色？这些问题的答案是否定的。精益供应链模式适合用于竞争激烈的市场中，通过构建成本优势获取企业竞争力，当然精益供应链发挥作用的前提则是其必须基于企业整体竞争战略的需要。

当代企业不断围绕各自的市场目标，寻求管理上的绝对持续优势。在此过程中，企业所处的供应链中的信息流、物流的延缓，都会导致销售额与利润的增长非常有限。因此，许多企业都致力于对其整个供应链进行严格评估，以确保信息流、物流的速度和流量适合整体竞争战略，并明显推动销售额与利润的增长。

在市场环境的变化面前，企业想要摆脱僵硬、缓慢的旧发展模式，变得更加灵活、更具竞争力，就要不断追求发展和突破，满足客户对高质量的产品、灵活迅速的交货方式和低廉的价格等的全面要求。这些都促使企业管理者面对新变化，根据企业的战略竞争模式的特点对原有的供应链进行长期规划。

一些企业为取得质量、成本、灵活性和市场反应速度等方面的竞争优势，采用了精益供应链管理模式，其获得商业机会的概率有了大幅度提升。但不应忽视的是，这些企业之所以一直坚持精益供应链管理策略，直至该策略成为企业的运营规则而贯穿全业务流程，是因为精益供应链符合企业如表 1.3-5 所示的采购与供应链竞争模型对比中"第二象限"的特点，即其产品需求种类少、产品需求数量多、竞争战略定位为成本战略、生产 / 服务方式为按订单生产，同时采购战略为集成采购。只有满足这样的大前提，精益供应链才能，融入企业整体运营。

任何供应链模式的确定，都取决于竞争战略与品类战略（即"数量—品质"管理关系总和）的内涵，而非仅取决于企业主体。以沃尔玛为例，该企业针对海鲜类产品与家纺类产品，分设不同类型的供应链，选择不同的供应链战略，这是因为这两类产品所属的供应链的运营标准与绩效目标差异甚远。

企业必须依据产品或服务品类进行充分的分析，并结合企业的竞争战略设计出差异化的供应链管理方案。如果"眉毛胡子一把抓"，在缺乏基础的情况下盲目打造精益供应链，不仅不能提升效率，更会浪费企业的战略绩效资源。

1.4 OTEP 精益供应链

华为内部流传着一句话，不在非战略机会点上消耗战略竞争力量。

精益供应链是基于成本竞争力战略，实现生产方案、物流方案、库存方案和采购方案的系统的逻辑与竞争力量。因此，企业将所有资源聚集于系统化成本管控与优化，能构建持续改进的 OTEP 精益供应链模型。

精益化管理旨在通过对中间管理层和非直接生产人员进行精简，缩短操作周期、减少浪费、降低成本，从而强化企业价值、增强企业的竞争优势。

在生产过程中，精益化管理已经取得巨大成功，将相关理论与方法应用于供应链管理的全过程，形成精益供应链思维，能使供应链水准得到全面提升。我们将战略分解为 4 种供应链，OTEP 模型就可以进行稍微扩展，如图 1.4-1 所示。

OTEP 模型运营与管理

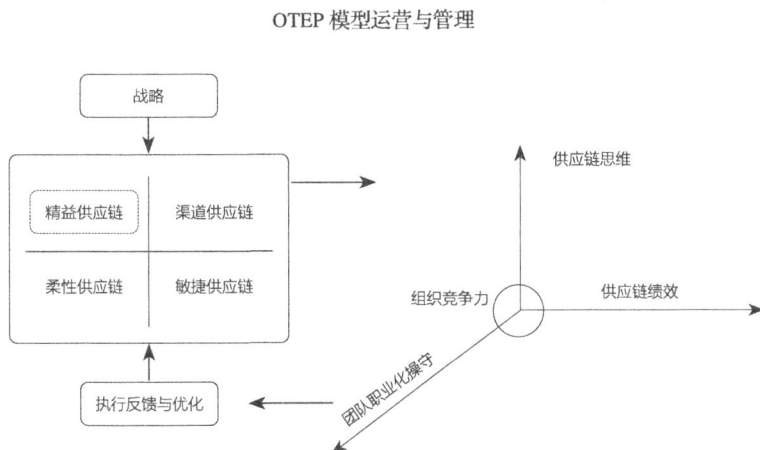

图 1.4-1　OTEP 模型逻辑图

从图 1.4-1 所示的 OTEP 模型逻辑图中可以看出，可由企业战略导出供应链战略。即，供应链战略决定的 4 个维度之间的相互支持逻辑也有差异，如精益供应链追求成本，柔性供应链追求客户体验，在不同的供应链战略下，其 OTEP 模型的 4 个维度支持的需求也差异巨大。若企业成本竞争战略导出精益供应链战略，则精益供应链决定了企业的组织、思维、职业化操守与绩效这 4 个维度。

企业在实施 OTEP 模型时，需将其 4 个维度继续从职能维度进行深入分解，以导出各个职能的 OTEP 的应用分解逻辑链，如图 1.4-2 所示，据此可以形成真正的企业应用与实施精益供应链的方案。从企业竞争战略推导出供应链战略，由供应链战略推导出设计战略、采购战略、生产战略、物流仓储战略与服务战略，这种从战略逻辑框架到职能架构的贯通，我们称为"传承性"。同时，每一个职能的 OTEP 模型与企业竞争战略同向，我们称为"一致性"。在 OTEP 模型的实施中，我们将其传承性与一致性贯穿始终，这是保证 OTEP 模型落地的关键，否则就会导致战略资源损耗，最终牺牲企业竞争力与客户满意度。

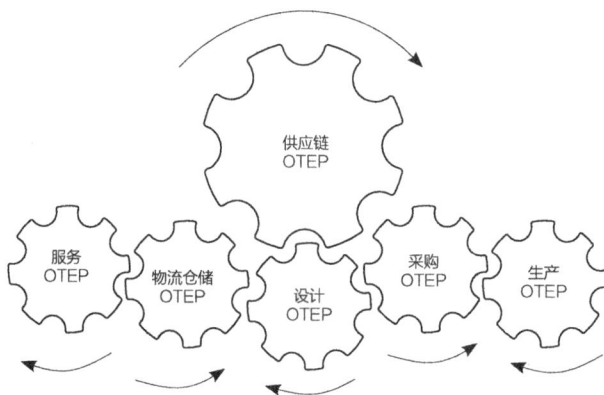

图 1.4-2　OTEP 职能分解

根据以上逻辑链，我们可以将其逻辑描述成表 1.4-1 所示的内容。

表 1.4-1　企业战略与 OTEP 落地

企业战略	供应链战略	职能	OTEP 落地
质量战略	渠道供应链	设计	O：需要怎样的组织与流程以确保战略的达成 T：需要构建怎样的思维与逻辑并在组织内部传递与转化 E：团队需要怎样的职业化操守以支撑战略需要 P：如何设置支撑战略的绩效目标
成本战略	精益供应链	采购（物流仓储）	
客户体验战略	柔性供应链	生产	
创新战略	敏捷供应链	服务	

战略的传承性与一致性，让职能上接战略、下接绩效，绩效反过来支撑供应链与企业战略，这样就形成了一个 OTEP 逻辑循环。

因此，OTEP 模型不仅仅适用于供应链管理部门，设计、采购、生产、服务等职能部门都能通过这套模型进行解码管理，从而提升绩效。

我们再来谈谈精益供应链战略与思维的特点。

精益供应链战略力求能最大限度地为客户创造价值，最大限度地消除浪费，并对整个供应链进行计划、组织、协调和控制。这离不开其重点思维的统一性、组织的结构性、绩效的支持性及团队的职业性。当然，绩效层面涉及多个维度，其中包括物流过程的可视性、精确性、一致性和无缺陷性，同时也包括供应链各级目标(总目标、各节点目标、部门目标和操作目标)的设定、实施与评价等。

由于精益管理思想的运用，精益供应链战略必然呈现出新特点。这些特点使之与其他供应链战略的逻辑和运营规则有显著区分，更使其与传统供应链战略有天壤之别。当然，各种供应链战略都是基于传统供应链战略优化而来的。

因此，我们先从传统供应链战略开始分析，即首先来分析传统供应链战略的特点。图 1.4-3 所示为传统供应链战略模型。

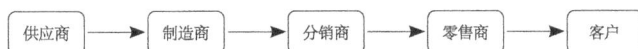

图 1.4-3　传统供应链战略模型

在图 1.4-3 所示的，传统供应链战略模型中，需求信息与反馈信息是逐级依次传递的。因此，企业的上级供应商无法及时掌握市场信息，反应速度相对较慢，导致延迟和偏颇不断增加。此外，传统供应链战略也很难从全局角度进行战略管理，企业经常会出现库存不断增加，却难以满足即时出现的新需求的情况，从而错失良机。

相对于传统管理系统，精益供应链战略模型中的物流、信息流、价值流的运行渠道大量增加，各种需求与反馈的信息并非逐级传递，而是网络式、即时式地传递。通过该信息网络，企业能快速掌握供应链网络中不同节点的市场信息，并进行精准反应。

1. 主要特征

精益供应链战略思维的主要特征如下。

（1）由客户需求拉动。在精益供应链管理系统中，管理者并非站在拉动位置上"发号施令"，而是根据客户需求发出拉动信号，将客户需求向上传递。

（2）准时准确。准时，指通过精益管理，供应链系统内部顺畅、节奏适中，供应链上的各个环节都能按计划完成任务。

准确，包括准确的库存、准确的客户需求预测、准确的送货数量及供应线路、准确的信息传递等。当然，这也对供应商的合理布局提出了一定要求。

例如，S 汽车公司实施 200 千米的布局原则，当供应商的供货距离超过 200 千米时，S 公司就会要求他们在公司附近设置中转库或物流中心，以确保准时送货；当外协件运送到工厂之后，S 公司会按照收到的货的紧急程度与先后顺序安排其进入卸货站台。通过对 4 家供货商的 27 个供货品种进行精益管理，S 公司供应链的运行效率提升明显。其中，平均库存水平同比下降 85%，仓储面积减少 60%，容器占用减少 70%。

（3）兼顾低成本与高质量。在精益供应链战略中，企业通过合理配置基本资源，实现快速反应和 JIT 供应，从而降低采购费用，并对供应过程中的人员冗余、操作延迟、设备空耗等资源浪费现象进行消除。在此基础上，企业将精力集中到质量控制与成本降低上，保证供应链服务的高效。更重要的是，降低采购成本，也能显著降低企业的生产或服务成本。

（4）强调协同。供应链系统是由不同职能或生产流程所组成的有机整体，包括运营与机制的协同。如果整体内各个部分无法保持协调一致，供应链的精益化管理将面临很大困难。这里所说的协同包含了两层含义，既有企业内部流程的协同，更有外部协同，即强调企业、供应商和客户之间要尽可能地建立信任基础、实现最大限度的联系沟通。

（5）系统整合。精益供应链战略包含了企业对流动的价值、资源与信息所做出的种种决策。该战略的特点也在于企业由此运用资源，以最低成本整合系统，使之能迅速提供客户所要求的高效服务。

（6）持续改善。精益供应链战略来自动态管理理论，这意味着对供应链内价值流动的改进和完善是不断循环的。具体内容包括改进、消除浪费、形成新的价值流、持续改进、消除新的浪费。

正是这种持续改善的良性循环，使得供应链总成本不断降低、浪费不断减少，保证了供应链系统的持续改进与不断完善。

2. 其他特点

此外，从制造型企业管理层面来看，精益供应链战略思维还具有以下几大特点。

（1）基于额定需求和严格节拍进行合理安排。为理解这一特点，有必要理解"产距时间"的概念。所谓产距时间，是指总有效生产时间与客户需求数量的比值。

在精益供应链战略中，也需强化"产距时间"的概念。管理者应将企业每天需流动的原材料、在制品、成品等数量总额进行固定，再计算出每天进入价值流的部分。

（2）使用混合模型管理计划。通过对供应链战略的调整，混合模型管理计划能缩短供应链上各个节点之间原有的间隔时间，减小实际产品与需求之间的偏差，使供应流程中的浪费被降低到最低程度，从而实现精益战略。

在混合模型的管理计划中，由变化所导致的问题可以通过改进产品和对设计过程进行修改加以解决。此外，在混合模型的设计中，供应链战略管理的公共性和模块化程度能得到极大增强，从而能够确保供应链按照计划设计出对应的流程。

（3）使用"拉动"管理体系。在"拉动"管理体系中，企业直接根据客户的需求进行管理部署。此时，产品在供应链上的配送仅基于实时的内外客户订单，而并非完全以事先预测对配送计划进行驱动。

1.5 精益供应链体系 OTEP 运营

OTEP 是一个思维模型，也是落地解决方案，它提供从供应链运营到精益体系落地的逻辑思维方法，这尤其体现在从战略到方案的形成过程中。在咨询辅导的实践中，我们发现，OTEP 模型适用于国内大多数企业，包括制造型企业、流通型企业与服务型企业。

优秀的企业会从 OTEP 模型出发构建精益采购供应体系，如图 1.5-1 所示。

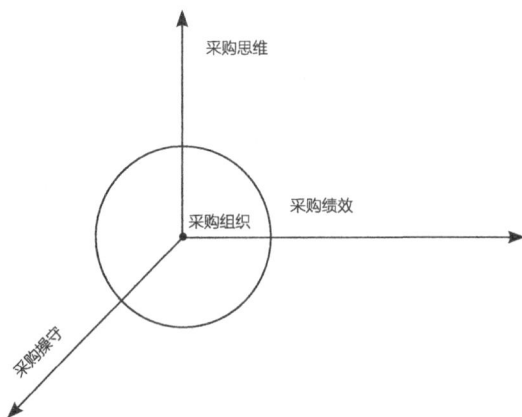

图 1.5-1　OTEP 精益采购供应体系

精益采购供应体系的运行总目标是确保总成本最低，保证以最低总成本建立服务供给渠道。这意味着企业应追求总成本最低，而非单一采购价格最低。

由于企业的成本战略采购循环包括了由供应商、采购部门、生产研发部门乃至售后服务部门等参与的不同环节，所以企业必须在精益采购的各个环节中遵循总成本最低原则，对每个关系到关键成本和其他相关成本的环节进行严格管控。

总之，精益供应链战略的特征是以具有竞争力的成本对客户需求的变动形成动态反应，以便高效利用资源。一旦企业拥有了与该战略对应的成熟的OTEP 精益采购供应体系，就能从中获得高收益。

1.5.1 以成本为中心的精益供应链管理核心

精益供应链的管理核心在于以成本为中心。这一核心的重要价值体现在以下几点。

1. 客户导向原则

精益供应链上的一切管理活动，都要以最低总成本满足客户需求。准确理解客户需求，并设法降低成本满足客户需求，是精益供应链管理模式的出发点。

2. 价值导向原则

精益供应链的管理，是为了使整个供应链流程的所有活动都能为客户提供价值。换言之，这一管理体系要将"价值流"作为导向，确保成本所包含的价值不被浪费，并有效形成客户能接收到的价值。

3. 有效流动原则

与精益生产管理一样，在精益供应链管理中，需通过消除浪费，形成无中断、对流、迂回，无停滞、等待，无丢失、损毁的物流活动，确保成本能有效为客户创造价值。

4. 绩效最大化原则

通过供应链管理的精益化，达成总成本最低、客户服务最优、总库存最少、总周期时间最短等目标，从而实现供应链上成本转绩效的最大化。

5. 持续改进原则

精益供应链的规划与管理，需结合市场的具体变化而不断优化并持续完善，在此过程中也应优化成本结构。因此，与任何精益管理过程一样，精益供应链管理是永不停滞、不断追求的。

1.5.2 如何使供应链管理走向精益

利用精益策略优化供应链之前，企业管理者必须先学会用精益思维去考虑企业战略问题，通过供应链上下游成员的共同努力，对整个运营流程的成本进行削减并对浪费进行消除。随后，企业管理者要带领供应链上下游的成员精诚合作、协调一致，共同创造价值。

在 OTEP 模型中，我们强调企业的战略要与供应链战略相匹配，这并不意味着要忽视其他供应链管理逻辑。戴尔公司虽说是敏捷供应链的代表，但其在精益管理上也是通过上述努力，才率先在供应链管理方面走向精益，进而推动企业竞争战略的实现。

1984 年，迈克尔·戴尔创立了戴尔公司。他的经营管理理念很简单，即依照不同需求为客户量身定制计算机。通过与客户的直接沟通，戴尔有效地、明确地了解了客户需求，在设计、开发、生产、销售、维修和支持等环节，根据客户的个性化要求为客户量身定制计算机。在供应链管理上，戴尔公司取得了巨大成功，实现了成熟的精益化。

下面是戴尔公司在供应链管理上推行精益化的成功之处。

1. 定制化模式下，实现零库存供应链

精益供应链成功的关键之处，在于对生产和制造过程进行控制。因此，戴尔在其装配和市场营销领域充分引入精益化管理，形成"零库存、高周转"

的直销模式。戴尔在接到订货单后，才会将计算机部件组装成整机，而不是像其他企业那样围绕市场预测结果制订生产计划并进行批量生产。随着生产规模的扩大，戴尔进一步利用互联网信息技术与其上游配件制造商就客户订单达成协作，由控制中心将订单分解为子任务，并通过网络进行任务分派。各制造商再按戴尔的电子订单进行生产组装，并按戴尔控制中心的时间表供货。戴尔需要做的只是在成品生产部门里进行组装和测试，并交由客户服务中心发货和提供服务。

2. 以信息系统优化供应链管理

戴尔的供应链管理得以优化的关键在于其实力雄厚的信息系统。在戴尔内部，通过其自身开发的信息系统，信息流与企业运营流和资金流完全同步，信息传递极为通畅。

当订单被汇总之后，供应链信息系统软件会自动分析出所需原材料，并与戴尔现有库存和供应商库存进行比较，创建供应商需提供的材料清单。供应商仅需 90 分钟就能将所需的原材料运送到戴尔的工厂，戴尔则负责卸载货物、组装并完成装货。整个工厂内存在库存的时间只有 7 个小时。

3. 供应链的精益分析与优化

戴尔通过与 M3 公司合作，坚持消除浪费的理念，追求尽善尽美，充分挖掘改善空间，将生产时间从原来的 8 小时缩短到 5.5 小时。

从戴尔在工厂收货码头收到物料，再到根据生产订单提取配料进行生产之前，这段时间的物料管理存在"真空期"。如何对"真空期"进行管理以减少期间的在制物料和呆滞料，如何迅速查找物料并进行拆包配送，成为精益思想介入其供应链管理的关键。

M3 公司与戴尔经过详细调研，对物料区域布局和物料线路进行了规划，梳理出该区域出入的物料种类，设置了专门的信息反馈看板，并使用了信息化系统，最终对"真空期"实现了精益化管理革新。

企业越是重视对精益供应链战略的运用，就越会认同客户对供应链的高要求。在此战略下，无论是信息化系统、供应链库存模式，还是供应链中生产计划物料配送时间点的控制、物流管理等，都能以精益思想作为指导，充分提升效率。

第 2 章
精益供应链的组织与业务流程

在 OTEP 模型中，O 是指组织（Organization）。由此可知，精益供应链的组织与业务流程，是影响精益供应链的关键因素。

作为精益供应链的核心，企业既要将本身的生产、物流及整个后勤流程根据精益思想进行组织，也要帮助客户和供应商解决相应问题，给他们提供具有针对性的解决办法。这些行为并非来自独特的个人能力，而是依托于不断完善的组织结构。

2.1　如何构建以成本为中心的精益供应链组织

> 产品发展的路标是客户需求导向，企业管理的目标是流程化的组织建设。
>
> ——任正非

OTEP 模型指出，组织力就是生产力。无论是采购制度的滞后，还是采购过程中出现腐败与漏洞，抑或是采购组织与制度流程规范的不合理、不健全，都会导致精益供应链运行能力的下降。因此，企业必须建设以成本为中心的精益供应链组织，规范供应体系、降低供应风险、保障供应能力。

企业的组织结构是否能承载起良好运行的精益供应链，最重要的判断依据在于组织结构是否坚持了以成本为中心。只有注重成本管理，精益供应链组织的构建才有意义。

2.1.1　精益供应链的组织构建

实践中，不少企业的供应链组织结构非常分散，从企业相关部门的设置就可窥见其组织结构构建的不合理。表 2.1-1 所示为 × 企业原有的供应链组织结构。

表 2.1-1　× 企业原有的供应链组织结构

模块	中心	部门	部门职责
原材料物流	采购中心	采购部	负责组织原材料的运输、进口

续表

模块	中心	部门	部门职责
生产物流	生产中心	制造部	负责原材料仓储、零部件仓储、原材料的上线配送、在制品物流配送等
成品物流	财务中心	储运部	负责 4 家工厂总部的成品仓储、全国驻外仓储
	销售中心	外运部	负责 4 家工厂生产产品的全国干线运输
	销售中心	销售分公司	负责各自销售区域的二次配送
	外贸中心	外贸部	负责报关、报检、出口
回收物流	财务中心	物资回收部	负责 4 家工厂有关废旧物资或废品的回收、储存和再利用
	销售中心	外运部	负责故障品、残次品回收等逆向运输的干线业务
	销售中心	销售分公司	负责故障品、残次品回收等逆向运输的二次配送业务
售后物流	销售中心	维修管理部	负责全国范围内零部件的仓储、运输和二次配送
生产计划	生产中心	生产计划部	负责制订生产计划
订单与预测	销售中心	销售管理部	负责销售预测、订单管理、运输订单修订

与许多传统制造企业一样，该企业供应链体系的原材料物流、生产物流、成品物流、回收物流、售后物流、生产计划、订单与预测等工作，分散于不同的部门，由不同的管理团队负责。这种过于分散的组织结构给供应链体系的发展带来诸多问题，最大的问题在于成本的浪费。

在类似企业中，供应链管理未能独立成为一个部门，导致在组织结构上，供应链管理体系依附于生产、销售、财务等管理体系，无人将供应链的管理看成关键工作，而是将之置于附属地位，只会被动执行。因此，企业业务流程中的总成本长期居高不下，各项供应链管理工作整合难度巨大。

由于组织结构缺乏科学性，将原材料物流、生产物流、成品物流、回收物流、售后物流、生产计划、订单与预测等工作分配到不同部门进行，会导致供应链管理活动跨越部门进行，也会导致部门各自为政、工作协调困难。这不仅会浪费资金、人力和时间成本，还会进一步导致供应链流程分散、无序、业务烦琐与重复，从而导致更严重的机会成本浪费现象。

针对上述问题，在外部环境变化、内部问题突出的情况下，× 企业决定以成本为中心，实施精益供应链管理，以此对组织结构进行改进，解决原有的供应链组织结构设置分散、各部门的管理目标不统一等问题。表 2.1-2 所示为 × 企业新的供应链组织结构。

表 2.1-2 　× 企业新的供应链组织结构

模块	中心	部门	部门职责	详细职责
原材料物流	供应链中心	采购	原材料物流	负责对原材料运输、进口物流工作进行组织
生产物流		物流	生产物流	4 个制造工厂分别负责各自的原材料仓储、零部件仓储、原材料上线配送、在制品物流
成品物流			全国仓储	4 个工厂总部成品仓储、全国驻外仓储的管理
			干线运输	4 个工厂产品全国干线运输的管理
			二次配送	各销售区域内的二次配送
			出口物流	报关报检、出口物流的组织
回收物流			物资回收	4 个工厂所有废旧物资的回收、储存、再利用和销售
			干线运输	负责故障品、残次品回收等逆向干线运输业务
			逆向配送	负责故障品、残次品回收等逆向二次配送业务
售后物流			备件物流	负责全国零部件的仓储、运输和二次配送
生产计划		销售、库存与营运计划 (SIOP)	预测和订单	负责销售预测、订单管理、运输订单的修订
订单与预测			运营计划	负责制订运营计划，协同生产计划部制订生产计划

通过改变组织结构，× 企业理顺了供应链流程，提高了价值流的运行效率，供应链在短时间内就出现了积极变化。

×企业对供应链组织结构的改造，是根据其自身特点和当前市场的竞争形势做出的，其具体的层级和部门设置有特殊性。其他企业在构建供应链体系时，也应从自身需求出发，以成本为核心，在内部组织结构和企业合作融合上进行必要改动，使供应链能够以最优的方式运行。

根据 OTEP 模型可知，构建精益供应链组织的主要目标包括 4 点，即协助采购组织明确组织任务与职能，协助规范采购组织的目标、流程、制度与跨部门信息反馈，协助构建基于组织绩效目标的采购组织体系与考核系统，协助采购组织，提高采购能力。

在此目标的指导下，精益供应链组织结构构建的重点是建立一个权责分明的管理部门。需要完成的工作包括设置供应链经理岗位，赋予其管理各项供应链活动的权力；在组织结构中，给予该部门内不同人员相应的职能权限，使之更好地与企业内其他主要职能部门（如运营、营销和财务部门）合作。这种结构既在形式上体现出了供应链管理的重要意义，也从实质上促进了供应链管理活动的协调发展，从而凸显了成本的核心地位。

建立精益供应链组织，还需注意以下 3 点。

1. 供应链部门应拥有更高级别的权限

确保供应链部门所拥有的权限与其他主要职能部门相同或稍高于其他部门，这有助于供应链管理在企业内部受到更多的重视，也能使供应链部门的管理者在解决部门之间的成本矛盾时，拥有协调全体资源的发言权。

2. 供应链部门应面向市场

针对目前企业内供应链管理所存在的问题，企业应从自身出发，对组织机制加以改善，采取先进的管理方法，制定合理的成本管理绩效评估制度，努力形成面向客户提供高质量服务的供应链管理文化。

3. 建立传统垂直组织

企业不能简单地将供应链部门看成高水平后勤职能机构，而是要将供应链部门建设成传统垂直部门，并直接对面向市场的扁平部门进行成本管控。

例如，供应链管理部门应进行必要的计划定位，使产品计划、物料需求计划能与配送需求计划相衔接。产品订购、订购单发送等基本作业对成本核心的重要意义，也应体现在企业的组织设计和控制系统中。总之，企业所做的每件事情都要与供应链管理相联系，并成为成本管理活动的一部分。

除了积极改进供应链的组织结构之外，企业还应明确精益供应链管理的结构层次。

一般而言，精益供应链的总体结构分为 3 个层次，最上层为战略层，中间为运营层，最下方为支持层。图 2.1-1 所示为精益供应链管理层级。

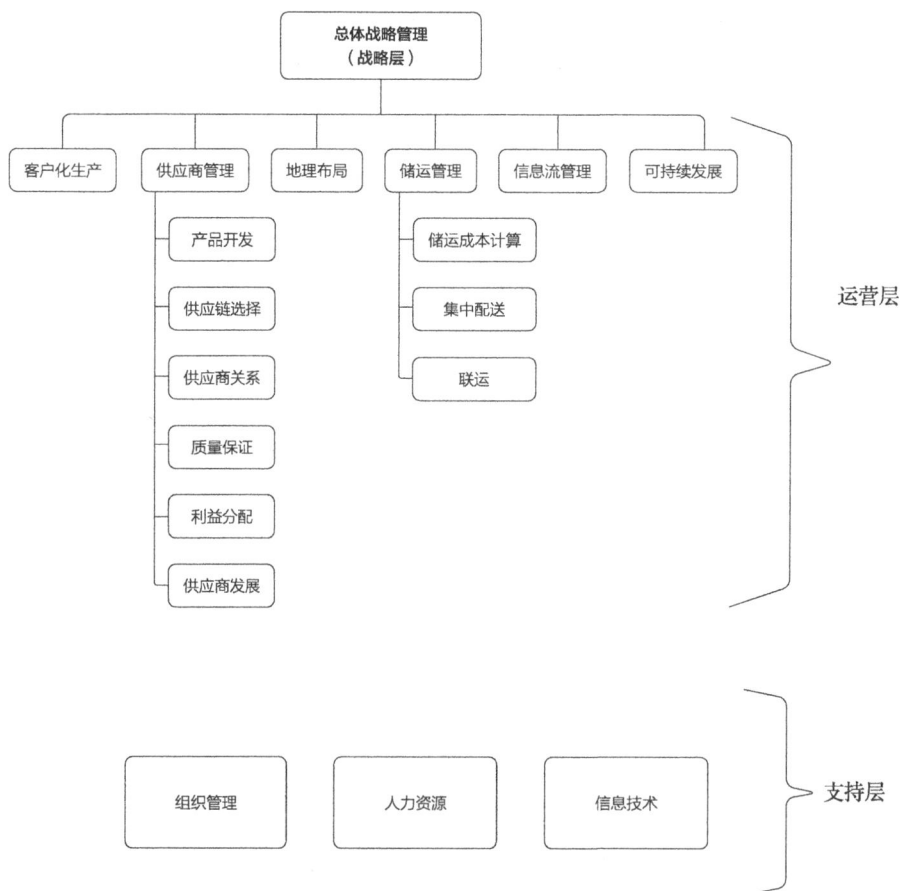

图 2.1-1 精益供应链管理层级

战略层又称为决策层，是整个精益供应链管理的核心，企业在该层面，对精益供应链进行总体规划和控制。在该层次上，企业应结合总体战略（尤其是成本战略）制定供应链管理的目标与内容。

运营层是精益供应链管理的中间层，这一层次不仅有企业内部进行成本管理的具体执行部门，还有和其他企业进行协调的合作单位。因此，精益供应链管理的许多实际操作都在这一层级中完成，例如与上一级供应商、下一级销售商的合作，与同级企业的协调，企业内部各环节供应系统的管理，等等。正是通过这一层次，企业可以实现管理成本的降低与供应过程的优化。

支持层是精益供应链管理的基础层，能保证运营层和战略层所制定的管理方法顺利实施，实现精益供应链对企业战略的全面支持。

2.1.2　精益供应链的成员选择

在明确客户需求的基础上，企业管理者必须围绕成本竞争定位，准确地为精益供应链选择成员。

企业在供应链中的主要合作伙伴类型，包括普通合作伙伴、有影响力的合作伙伴、战略性合作伙伴和竞争性或技术性合作伙伴 4 种。选择合作伙伴时，企业需考虑多种因素，包括其财务实力、业务发展潜力及供应链的竞争力等，以便与合作伙伴建立长期、稳定、可靠的商业合作关系。

对合作伙伴的选择应按如下步骤进行。

1. 精确分析

对市场需求和竞争环境进行分析。企业在选择合作伙伴之前，应首先进行市场调查和分析，明确自己需要怎样的合作伙伴。

2. 确立目标

确立选择合作伙伴的目标。确立目标以明确实质性的成本竞争定位内容。

3. 制定标准

制定合作伙伴评价标准。企业应针对自身的生产任务和市场需求，制定合作伙伴需达到的成本竞争标准，这样有利于企业从众多目标对象中筛选出最合适的合作伙伴。

从整体来看，企业的供应链合作成员包括供应商、销售商和客户。因此，各方之间存在着有机的内在关联性。无论面对其中何种角色，企业都应考虑自身与其他伙伴对其成本管理的评价。为此，企业需建立行之有效的成本管理评价指标体系。

不同的企业可以根据需要设计不同的评价标准，其中共同的标准包括如下两条。

（1）精益供应链成员必须拥有自身的成本竞争力，能在供应链内将之作为核心竞争力而与其他成员相互结合，这样才能提高整条供应链的运行效率，为企业的迅速发展提供力量。

（2）供应链成员必须拥有相同的竞争价值观和战略思想。企业价值观表现在团队是否有凝聚力、是否强调成本的快速回收、是否遵循长远发展的观念等方面。战略思想则表现在市场策略是否一致、偏向质量还是价格等方面。如果供应链内存在多种截然不同的竞争价值观或战略思想，必然会造成成本浪费，供应链的运转很容易变得低效甚至走向失败。

4. 考察企业

实践中，企业选择供应链合作伙伴应从工艺与技术的连贯性、企业的业绩与经营状况、有效的交流和信息共享这 3 个方面对合作企业进行考察。常见的考察方法如下。

（1）直观判断法。该方法通过观察、调查和征询获得资料信息，再结合管理人员的经验对供应商的成本控制能力进行分析、评价。这种方法经常用于选择企业非主要材料的供应商。该方法在实践过程中容易受到采购等岗位特定人员的主观因素的影响，可靠性较差。

（2）招标法。由企业提出招标条件，各投标供应商进行竞标，再由企业决标，然后与中标的供应商签订协议。该方法竞争性较强，企业能在更广泛的范围内对不同的成本构成方案进行评选。但其劣势在于招标往往基于价格，并不能有效保证供应物资的质量。同时，企业对招标而来的合作伙伴只能通过合同进行制约。

（3）协商选择法。当意向合作方较多、难以抉择时，企业可根据实际情况采取协商选择法。由企业先选出条件和资质较好的合作方，然后企业再同他们协商并确定合作关系。该方法适用于供应商较多时对传统合作伙伴的选择。

（4）单一采购成本比较法。该方法主要用于解决单项目合作伙伴的选择问题，其主要步骤是对满足基本要求的供应商进行成本计算，并选择其中成本最低的供应商进行合作。该方法的劣势在于，当面对缺乏详细信息的供应商时，企业难以进行准确的成本评价。

（5）线性权重法。主要包括下面 3 种方法。

①分类法。情况简单时，将对合作方的每个评价归为满意、可以、不满意 3 种情况，3 种情况分别对应 3 种不同的分值随后计算各供应商的总分。实际运作中，这种方法的人为判断因素过大，各判断准则权重相同会导致结果缺乏科学性。

②递阶结构法。根据具有递阶结构的目标、子目标及约束条件等，对供应商进行评价，这种方法适用于考察难以直接量化的因素。该方法依赖于专业团队的评价意见，容易出现判断标准不一致的情况。

③神经网络算法。该方法兴起于 20 世纪 80 年代后期，其能模拟人脑的某些智能行为进行选择，具有自主学习性、自适应性、非线性动态处理性等特点。该方法的劣势在于算法较为复杂，实际应用范围有限。

在对供应链合作伙伴的考察中，影响供应商选择的主要因素包括价格、质量、交期、交货可靠性、品种柔性、设计能力、特殊工艺能力、项目管理能力、地理位置与库存水平等。

值得一提的是，在供应链合作伙伴的考察过程中，供应商处理复杂关系的能力格外重要。这是因为供应商是供应链中物流的出发点、资金流的起点，也是反馈信息流的终点。尤其在实行 JIT 生产方式的企业中，更需要与上游供应商进行密切合作。如无供应商保质保量地准时供货，就不会有遵循"只在需要的时刻按照需要的数量生产符合客户需要的合格产品"理念的生产方式。同样，各种影响企业发展的因素几乎都和供应源头的采购环节有着密切联系，并受到企业与供应商之间的关系的影响。正确选择供应链的源头，研究供应商关系并确保供应商能管理好复杂关系，是制造企业提升自身的竞争能力、树立竞争优势不可或缺的重要基础。

5. 成立评价小组

企业成立评价小组，围绕对供应商考察的结果，对供应商进行评价并做好过程管控。同时不断引入已确定的合适供应商，保证其能参与评价过程。

评价时，应在全面掌握合作伙伴信息的基础上，应用一定的工具和技术方法。

6. 开展合作

在开展供应链合作之后，企业应根据实际情况对合作伙伴的评价标准进行必要和及时的修改。

2.1.3 精益供应链的管理岗位设置

为提升客户满意度与企业战略竞争力，企业应设计精益流程，而流程又决定了组织架构与关键岗位的设置。精益供应链内，各管理岗位的工作内容不同，任职条件也有差异。以下是几个主要工作岗位的职责与任职条件。

1. 精益供应链经理岗位

该岗位的职责为制定符合企业精益供应链管理目标的考核机制与内容，并不断完善供应链管理机制，主要内容如下。

（1）负责企业供应商管理、采购、物料生产管理、物流、仓储工序流程的优化工作，负责整个供应链的运作。

（2）参与企业发展战略与年度经营计划的制订，并组织制定和实施供应链战略规划。熟悉生产计划的安排程序，有效针对销售需求进行预测，并制订合理的生产计划。

（3）全面负责生产、采购、仓储、物流计划的有效运作与相关管理工作，例如针对企业供应链的设计、改善，制定并完善切实可行的采购、生产仓储、配送等的管理工作流程。

（4）对供应商进行评审、监控和管理，确保原材料、成品供应的及时与准确，保证生产物料的采购质量、数量和及时运输的平衡。

（5）建立健全供应商、承运商的开发、维护、跟踪和评估体系，对采购及运输成本加以合理控制，按工作流程做好与技术、营销、财务部门的横向联系。

（6）对服务供应商，如外协网点、运输单位进行选择和评估。

（7）有效控制运输物流费用，达成利润指标。建设物流系统团队，指导、监督、检查团队的各项工作，做好本部门的人力资源管理工作，提升员工的技能与工作效率。

（8）引进先进的供应链管理方法与系统，制定工作规范、标准和流程并组织实施。

任职的学历要求为大学本科及以上学历，专业要求为物流管理、供应链管理等相关专业。个人应熟悉精益供应链管理模式，了解精益供应链系统运作的流程与特点，同时要有较强的学习能力和沟通能力。

2. 精益供应链主管岗位

该岗位的职责主要包括以下内容。

（1）协助上级领导完成企业精益供应链战略规划的制定，并做好落地实施工作。

（2）做好各类供应商的管理和评估工作，例如对供应商的选择、考核与辅导，对供应商结构的优化，等等。

（3）搜集、掌握相关行业的市场实际情况，并形成汇报材料。

（4）参与构建精益供应链管理系统，协助制定相关制度和考核办法。

（5）制定企业供应链管理的相关规章制度，并参与业务流程的制定。

（6）搜集、核对不同需求信息，对市场需求预测结果进行调整和完善，制订并实施供货计划。

（7）拟订产品的发运计划，并对货物出货环节加以跟进、协调和控制。

（8）负责团队成员日常工作的安排和指导，并做好绩效管理和团队建设工作。

（9）负责物流信息系统的推进，包括系统升级设计、操作人员培训与考核等。

任职的学历要求为大专及以上学历，专业要求为供应链、物流和仓储等相关专业。个人应精通供应链、仓储等系统的运作流程和特点，并拥有较强的学习能力和一定的团队领导经验。

3. 精益供应链专员岗位

该岗位的职责为协助上级领导处理供应链管理的日常事务，主要内容如下。

（1）负责销售、仓储数据的收集、统计、核对及分析。做好保密工作，防止数据外泄。

（2）组织供应链各方的集体活动，协助其他部门筹备企业活动。

（3）负责制订物料需求计划，并向供应商提供及时更新的物料需求预测结果。

（4）对每批货物的交货、备货状态进行跟踪，及时反馈重要信息，并确保货物按质、按量及时入库。

（5）建立合格供应商的资源库，对供应商进行定期考核与管理，例如根据采购需求收集供应商的资料和样品，组织技术验证、评审质量、价格谈判等，或确保供应商能够为企业业务提供持续稳定的支持和保障运营，并保证项目计划的顺利实施。

（6）制订付款计划，负责与付款相关的对账工作并对其进行控制和细化落实，完成上级领导指示的成本调整计划。

（7）与供应商签订采购合同，并交由法务、财务、采购等部门审核。

（8）负责精益供应链月度报表的制作。

（9）负责供应链相关文件资料的整理、传递和分发。

任职的学历要求为大专及以上学历，专业要求为供应链或仓储等相关专业，具备两年以上的相关工作经验。个人应熟悉供应链管理各环节的专业知识，并能及时提供问题的解决方案，有较强的学习能力且具备一定的谈判经验。

2.2　如何构建以成本为中心的精益供应链流程

"老师，做这件事情我至多需要 3 个小时，但公司走流程却需要 3 周。"某公司学员说。

如果这家公司经营的是"严格保密""风控至上"类产品，那么上述现象我们或许可以理解，但如果这家公司经营装备类产品，并且其产品属于典型的精益供应链产品品类，则精益化、低成本才是该公司的战略目标，流程的设置更多地应该考虑在风险可控的情况下提高效率、减少浪费。否则公司流程较多，规范也很齐全，最后却花费大量时间和精力在非战略机会上，会导致企业错失很多发展机会。

因此，战略是内核，流程则支撑着战略。如果一个企业的流程纯粹为满足规范而制定，其实就是在损耗战略资源。

精益供应链是以成本为竞争核心的，因此，流畅的精益供应链需以组织结构和业务流程的建设为契机，进一步精准、及时和迅速处理链上信息，控制不确定的客户需求、生产过程和绩效，以便随时跟随客户需求的变化，生产出满足客户需求的产品。这样才能突出成本的重要地位，形成真正以成本为中心的精益供应链流程。

2.2.1　业务流程设计

在设计精益供应链业务流程时，企业应确保其包括了如图 2.2-1 所示的 6 个过程。

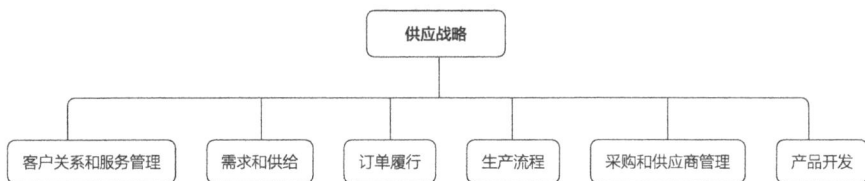

图 2.2-1　业务流程设计

1. 客户关系和服务管理

设计业务流程的第 1 步，需定义关键客户或客户群，这是设计精益供应链业务流程的核心与关键。只有明确了关键的客户群体，才能确保整个精益供应链在市场、销售、服务和技术支持方面，更专注地提供价值，并通过对业务流程的全面管理有效降低成本。

2. 需求和供给

在精益供应链的业务流程中，要自始至终对需求和供给进行管理。一个好的设计方案要能有效平衡客户需求的变化和供应链的供应能力，使供应链在面对订单时能从容地进行多资源、多路径的选择。这样，市场需求和产品计划才能在供应链基础上协同运作。

3. 订单履行

供应链流程的运行，是根据市场和客户需求，由链上核心企业最大限度地利用所能整合的资源与能力，按照时间、质量的要求，以最低总成本满足客户订单需求的过程。为此，在设计业务流程时，需要将企业内各相关部门的计划进行集成，并将其与供应链上其他各方的业务紧密结合，在尽量降低总成本的情况下将产品送至客户手中。

4. 生产流程

制定供应链业务流程是为了促使生产流程能快速执行所有的变化调整，以便满足多变的客户要求。在精益供应链管理模式下，企业的生产计划人员应能通过业务流程保障与供应商和客户的计划人员协同工作，策略性地满足客户需求，降低生产制造成本，提升生产过程的柔性。

5. 采购和供应商管理

业务流程能对供应商在不同范围、不同维度上进行分类，例如根据供应商对企业的贡献和重要程度进行分类。通过这种分类，企业能挑选出更为重要且核心的供应商团体，促使关键供应商在产品设计开发的早期就参与进来，从而在业务流程中实现协同运作。

6. 产品开发

为缩短供应链整体运行所花费的时间，企业必须在设计业务流程时，将客户和供应商的相关业务流程都集成到产品开发的过程中。这样产品的开发和营销就会使用客户和供应商所需的管理技术，从而利用业务流程形成满足客户、挑选供应商的框架，使开发和生产制造流程能同精益供应链的运行相结合。

2.2.2　生产流程设计

传统生产流程设计主要以不同物料的需求为中心展开。一旦出现需求，企业就要同供应商和分销商进行沟通协调，并应根据需求安排生产。然而这一过程中存在诸多不确定因素，包括市场需求变动、原材料供应不足等，它们都会对库存和服务水平产生不利影响，并导致企业的成本竞争优势受限，最终影响整条供应链的管理。

在精益供应链管理背景下，生产流程设计面临着新要求，需要提出新方法。

1. 生产流程的新要求

（1）同步化。客户需求不断变化，企业必须能处理由不确定因素造成的生产流程变动。企业在产品的生产加工过程中，应实行同步运作并实施同步化的供应链计划。

（2）协作化。在精益供应链管理中，生产活动是多企业同时进行的，该过程需要企业之间充分协作，通过生产信息的及时跟踪与反馈，确保供应链内的生产同步化。其中，供应链内上游企业通过对下游企业生产进度的了解，完成 JIT 供应；下游企业通过了解上游企业的生产进度，对生产计划进行适当调节。这样，供应链上的各个环节才能紧密衔接。

（3）生产共享化。在供应链管理中，合作双方只有共享资源和信息，才能建立起完善的信息管理系统。尤其是当上下游企业形成稳定的供应关系之后，上游企业更应从整体利益出发，协助下游企业完成生产并与下游企业进行沟通交流。

2. 生产流程设计需考虑的问题

在精益供应链管理背景下，生产流程设计需考虑以下问题。

（1）供应链生产流程设计的方法与工具。在供应链中，制定生产流程需使用合理的方法与工具，包括制造资源计划、JIT 生产方式、DRP（即 Distribution Requirements Planning，DRP 系统主要由库存管理、质量控制、预测仿真、运输管理、采购管理、计划与调度管理、定单管理、数据库接口与数据传输模块组成）与 LRP（Logistics Resources Planning，即物流资源计划，其是以物流为基本手段，打破生产与流通界限，将企业制造资源计划（MRPII）与配送资源计划（DRPU）集成起来而形成的物资资源优化方法）等。

（2）供应链生产流程的优化方法。供应链流程的优化可以使用瓶颈理论、随机型库存模型与网络计划模型等工具，并可采用线性规划、非线性规划及混合规划等方法。

（3）供应链生产流程的类型。在供应链中，各节点企业的生产流程不同，其所采用的优化方法也不同。企业的生产流程主要分为全局供应链流程和局部供应链流程两种。

（4）供应链生产流程的层次性问题。企业的生产流程并不是单一的，可以分为战略供应链生产流程、战术供应链生产流程和运作供应链生产流程 3 个层次。

3. 生产流程的编制方法

（1）调查研究、收集资料。供应链各节点企业在制订生产流程计划之前，必须对内部的生产经营环境进行详细调查，确保收集到不同方面的完整的信息资料。这些信息资料包括国内外市场需求量、上一期生产计划的执行情况与完成情况、产品的生产成本与销售价格等信息。企业可以从这些信息中总结出经验模式，为之后的生产计划与活动提供参照。

（2）确定生产流程计划指标，实现综合平衡。企业制定生产流程的核心在于利用流程设计与运作的工具，确定生产计划指标、实现综合平衡。当企业开展生产活动时，应及时制定产值指标，对产品的生产进度进行合理安排，调整不同部门的生产指标。此外，企业还要制定利润目标。在生产经营的过程中，根据计划开展活动，不断调整流程顺序，提升企业的生产能力和利润。

（3）调整产品生产进度。企业应结合制定的生产流程合理安排产品生产进度，及时、高效地完成生产任务，最终确保产品符合客户的需求，合理而充分地使用企业资源。

2.2.3　开放式的企业信息系统

信息化是实现精益供应链的技术手段。

在互联网时代，供应链的信息系统不能停留在片面、孤立、静止的运行层面，而应上升到"信息流"运行平台的水准。企业要积极开展内部信息交流，进一步在供应链管理过程中做好拓展工作，建立开放式的信息系统，充分发挥低成本优势。

目前，企业建立开放式信息系统的困难是管理方式停留在传统阶段，企业忽略信息流的重要作用；上下级垂直管理，部门之间业务沟通不足，技术类、经营类与管理类信息难以有效整合，决策机构的指令不能准确、及时地传达给执行机构；部分企业的员工或领导接受的是传统管理教育，已形成比较固定的思维模式，对新兴的通信技术缺乏敏感性，无法及时获取和使用有效的信息。

为构建开放式的企业信息系统，企业应当考虑以下几个方面。

1. 基础工作

为建立开放式的信息系统，企业应重点关注下面 3 项基础工作。

（1）明确信息流概念，认真梳理各类信息并进行研发。供应链内的各企业应结合实际情况寻找信息流特点，明确信息流的概念和范围，对网络运营技术、业务经营、客户需求等信息进行收集、加工，并有效利用。通过调研的深化，了解信息内涵、开拓信息流运用的新领域。

（2）拓宽信息传播范围。各企业不能简单、直接地将信息传递看成企业内部的交流，而是要将整个信息流的运作看成一个系统，以此对企业供应链业务流程、经营体系、管理体系进行全过程反映。

（3）建立宏观的信息系统。在经营规模不断扩大的过程中，企业对信息的依赖性越来越强，获取、筛选和使用有效信息的难度也随之加大。此时，企业领导者应顾全大局，及时建立宏观的信息流管理系统，对信息体系中的可用部分进行综合整理，使有用的信息能够为己所用。企业的职能部门还要与市场部门进行及时交流，掌握第一手信息资料，对供应链管理方式进行调整，从而使信息为决策服务。

2. 支持因素

在构建支持精益供应链的信息系统时，企业应考虑以下支持因素。

（1）时间成本。精益供应链的管理水平能在很大程度上影响企业的竞争力。但如果信息系统从策划到实际运作耗费过长时间，也于事无补。这是因为在较长时间内，无论是企业宏观环境还是微观环境，都可能发生变化，甚至信息技术本身也会彻底发生变化。因此，信息系统的导入必须考虑时间长短的影响。

企业应避免从头开始进行系统研发，而应将市场上已有的系统元件和构件进行有效组合，迅速构建信息系统。少数市场上尚未出现的功能，则应由企业自身开发，以便迅速导入信息系统。

（2）系统组件选择。支持精益供应链的信息系统本身处于不断改善的状态，其中的各种组件如企业资源计划系统、高级计划排程系统、数据仓库等，始终都在迅速发展，企业需要密切关注。当企业进行信息系统组件组装时，必须预先在信息系统中预留连接各种组件所使用的接口，确保新的组件能自由拆卸、保持并遵循严格的标准。

同时，支持精益供应链管理的信息系统应是继承了多个应用程序组功能的整体。因此，应将所有具备实现精益供应链管理功能的在售系统组件进行初步组装，再由本企业或系统集成商负责开发组件的连接接口，设计、开发当前的在售产品所不具备的功能，最终完成系统构建。

3. 构建步骤

构建支持精益供应链的开放信息系统，具体应采取以下 5 个步骤。

（1）确定供应链的范围，精准把握产品特性。

（2）根据上一步所确定的供应链范围和产品特性，进行供应链管理方法的制定、问题发生节点的分析、改进点的查找、改进效果的分析等。例如，当产品需求变动幅度较小时，需提高预测的准确度，形成持续供应的能力和结构，确保不会出现缺货的情况。由于类似程度的需求变动不会立即体现到产品的生产环节中，因此无须使用功能太强的生产计划工具，而在通过确定供应链范围和分析产品特性，选择最合理的管理方法。

（3）仔细发掘实现精益供应链管理所需的功能，再选择对应的最佳系统组件。企业应从市场上现有的应用中选择合适的部分，再找出其功能不足的地方。

（4）根据上述查找结果，进行实际操作应用导入与自身的新功能开发，对应用程序之间、应用程序和其他系统组件之间的协调性、统一性进行调整，使整个信息系统更好地支持精益供应链管理。

（5）当信息系统构建完成并顺利导入后，还应结合整条供应链上的合作伙伴的生产运行情况，全面、准确地收集反馈信息，进行持续的性能评估和改善，及时根据情况变化加以调整，并对供应链范围进行变更和优化。

4. 选择正确的信息系统技术

目前，比较成熟的供应链信息系统技术主要包括以下两个方面。

（1）信息采集。信息采集方面的主要技术如下。

①条码技术。该技术应用范围较广，读取设备使用简便并且成本低，能解决数据录入和数据采集的问题，并能为供应链上的物流信息管理提供有力支持。

②射频识别技术。该技术通过无线电信号对目标进行识别并填写相关数据，打破了传统条码识别技术的局限，并能应用于各个领域。

③电子数据交换技术。通过企业之间进行大量数据传输，完成文件交换。该技术能取代传统通信方式，有助于提高不同企业内部的生产效率，从而有效降低运营成本、提高数据准确性。

（2）智能运输。智能运输方面的主要技术如下。

①货物跟踪系统。该系统是指企业运用电子条形码和电子数据交换技术建立信息系统，获取货物运输过程中的不同信息，以此来提高运输效率。货物跟踪系统能帮助企业提升在供应链上的竞争优势，确保企业物流系统的准确性与及时性。

②车辆运行管理系统。该系统分为两种类型，一种是利用 MCA 无线技术

对城市范围内的车辆运行实施管理；另一种是利用 GPS 定位技术对全国、全球范围内的车辆运行实施管理。相较而言，利用 MCA 无线技术的车辆运行管理系统主要用于小范围的通信联络，运作效率相对较高；GPS 等基于通信卫星的车辆运行管理系统则能对企业的车辆进行最佳配置，以提高物流运输效率与客户满意度。

2.2.4 非线性系统集成模式

非线性系统集成模式是精益供应链的重要组成部分。所谓集成，是利用先进制造系统实现工程再造的重要方法与手段。这种集成不是简单的企业兼并，也不是复杂的集团化，而是以松散形式完成的耦合集成，即通过凝聚与扩散完成的有机结合。

非线性系统集成模式可分为由不同形式的企业组织而成的联合式集成、由企业之间（或企业内部门之间）的技术交流与扩散而形成的融合式集成、由不同学科之间的交叉而形成的跨越式集成等。这些集成是非线性的、协同式的，能让供应链系统实现"1+1>2"的整体效果。

例如，惠普公司为自身和供应商、销售商设计了不同的供应链，能对每一种产品进行优化，便于产品进入不同的市场。目前，惠普通过非线性集成，打造出 5 种不同集成方式的供应链，每一种供应链都能帮助惠普超越竞争对手，其中包括直接供应链、打印机业务特有的低接触率供应链、所有简单配置的供应链、涉及高附加值的复杂供应链和解决问题并提供服务的供应链等。

通过 5 种不同的供应链，惠普提高了旗下 40 多种不同类型的产品及其衍生产品的运营效率。这些供应链利用非线性集成特征，为不同类型的客户提供运输服务，其中包括终端客户、销售渠道客户、合作伙伴等。

当惠普向零售商客户提供运输服务时，零售商不必按照线性原则去了解产品究竟是复印机还是打印机、是笔记本电脑还是游戏手柄，而是应直接关心产品能否及时运输到位、能否顺利经营促销、是否有可见的存货数量或种类。零售商也无须了解产品从哪里生产和发运，而是应了解产品如何被运送到物流中心。因此，惠普就更无须以传统方式提供信息流和价值流，只需在供应链的上游，在与不同供应商、合同制造商或自身工厂连接的环节上将信息进行分化，随后以集成方式将信息提供给下游企业。这种管理供应链流程的方法满足了提升产品的竞争力的要求，同时完成了对库存水平的优化，也有效降低了总成本。

在供应链非线性集成模式的设计中，企业必须提前设定好框架，为实际操作提供必要依据。图 2.2-2 展示了供应链非线性集成模式的设计步骤。

明确集成战略	→	明确集成构架	→	明确集成节点	→	明确集成布局

图 2.2-2　供应链非线性集成模式的设计步骤

1. 明确集成战略

作为供应链非线性集成模式设计的第 1 步，企业需考虑内外各方面的因素，包括全球竞争战略、企业内部资本、企业现存渠道和网络、企业增长战略等，尤其应关注企业成本。在该阶段中，企业应明确供应链所具备的具体功能，以便为竞争战略的制定打下基础。同时，领导者还要对竞争战略进行充分分析，并在此基础上打造供应链集成模式。

2. 明确集成构架

这是供应链非线性集成模式设计的第 2 步。企业应在此时充分考虑生产技术、生产资本、生产规模、生产灵活性等的影响，同时应注意评估竞争环境、税收、区域性需求、政策、汇率和市场需求风险等因素。选择集成构架模式时，企业要将构架的潜在作用和容量进行融合。

3. 明确集成节点

作为供应链非线性集成模式设计的第 3 步，企业在此时应选择合适的集成节点，将集成模式设置在合理的业务范围内，并充分考虑企业基础设施的配套情况以及生产运输所需的技能与反应时间等。其中，企业基础设施的配套内容包括硬件设施和软件设施两大类，表 2.2-1 展示了企业基础设施的具体配套内容。

表 2.2-1 企业基础设施的具体配套内容

项目	内容
硬件设施	供应商能力、运输服务能力、通信设施能力、公共事业配套能力、仓储设施资源等
软件设施	可整合的劳动力资源、劳动力转换能力、当地政策、社会资源等

4. 明确集成布局

这是供应链非线性集成模式设计的第 4 步。企业通过一系列方法确定布局区位，为不同的资源和设施配置相应的容量。领导者需考虑运输、存储、协调等过程中所花费的集成成本，还应研究整个业务流程中的劳动力资源、原材料供应等情况，选择最佳布局。

以上 4 个步骤都是为了实现在同等成本基础上供应链非线性集成的效能最大化，通过计算不同地区、范围、市场的预期收益和实际需求，能有效降低不同阶段的设施与物流成本，实现非线性集成的效益最大化。

2.2.5 智能神经元的生产模式

与传统垂直化的组织形式不同，精益供应链的组织形式趋向网络化，企业生产调度模式也因此从"机械型"转向"生物型"。尤其是企业的生产排程与相关生产内容，也逐渐转变为由智能神经元主导。在这种先进模式下，每个企业都将尽可能地专注于自身优势，迅速应对快速变化的市场环境，对生产计划和生产技术进行有效调整。

在传统非精益供应链环境中，许多生产企业对生产计划的关注并不充分。如果企业规模小，一个成熟的管理者甚至能依靠大脑将每个月的订单、物料、资源信息记得清清楚楚。当企业规模变大后，许多生产管理团队则依靠 Excel 来对计划进行管理。但实际上，Excel 只是将数据从大脑转移到计算机上，除了增大了容量、提高了读取速度，并未采用先进的数据管理方法，也无实质性的改进。

1. 智能神经元的概念及特性

所谓智能神经元，是构成智能神经网络的最基本单元或构件。神经元相互之间呈网状连接，形成智能神经网络。连接强度决定信号的强弱，同时，连接强度能跟随训练情况改变，而接收到的信号既能起刺激作用，也可以起抑制作用。在智能神经网络中，每个神经元接收的信号累计起来决定其是处于刺激状态还是处于抑制状态，同时每个神经元都有一个特定的阈值。

在此基础上形成的智能神经网络具有以下特性。

（1）非线性。人的大脑进行思考的过程属于非线性现象，这种现象在自然界普遍存在。同一精益供应链网络中，不同的智能神经元可以分别处于激活或抑制两种截然不同的状态，并根据实际需要进行组合。

（2）非局域性。同一智能神经网络通常由多个智能神经元相互连接形成。因此，智能生产系统的整体行为，不仅由这些智能神经元各自的单体特征决定，还由主要智能神经元之间的相互作用、连接决定。智能神经元之间的大量连接能够形成模拟人工智能的非局域性排程能力。

（3）非定常性。智能神经网络具有自适应、自组织、自学习的能力。这种网络不但能处理多种多样的信息，在处理信息时，其非线性动力系统本身也在不断变化。

（4）非凸性。在特定的供应链运行背景下，一个生产排程系统的变化方向取决于其中某个状态函数（如供应量函数、速度函数）。这一函数的极值即相对该系统较为稳定的状态。所谓非凸性，是指该函数有多个极值，系统就对应地具有多个较稳定的平衡态，由此确保生产系统具有多种变化的可能性。

2. 生产排程的价值

在精益供应链中，企业的生产排程必须涵盖以下重要信息。

（1）所有的产品结构信息。有了产品结构的详细信息，才能进行科学的订单分解，从而有效分配供应链上下游各方的生产任务。

（2）所有的产品制造工艺信息。企业应通过排程了解和管理任何一个制造任务分解出的步骤的信息，并理顺其中的逻辑关系，包括每一步骤要用到哪些物料、设备、辅助工具等，借此管理供应链中的上游供应商。

（3）所有使用到的资源信息。无资源就无法进行生产，企业生产排程必须对所需的全部资源进行管理，包括物料、设备、工具等所有相关资源。

（4）其他信息，包括订单、日历等。订单是生产排程的源头，其非常重要，订单中包括数量、交期等信息。日历则是生产制造流程推进过程中所需秉承的规则，因此也是不可或缺的信息。

上述信息必须有充分的完备性，缺少任意一种都无法进行科学、有效的排程；同时，这些信息也必须具备准确性，由此确保排程计划的可执行性。在具备这些基础条件后，企业才能利用智能神经元模式进行合理的生产排程。

3. 智能神经元在生产排程中的应用

结合智能神经网络的运行特点，企业管理团队可以从以下方面对生产计划排程进行优化。

（1）确保生产计划排程的多样性。由于供应链运行中订单产生的先后顺序具体而灵活，在任何一个节点企业内都存在并行的工艺流程。同时，由于资源具有可选、可替代性等特征，产生的生产计划排程往往不是唯一的。

与此同时，在生产过程中，企业面临的实际需求是多样化的。即便只是在企业内部，不同部门由于在供应链内的位置不同，从自身利益出发，对生产计划排程中的调度决策也有着不同的期待。例如，销售部门希望更好地满足客户对交期的要求；制造部门希望能保证设备的高利用率；经营管理部门希望有效降低运行成本；企业高层则希望全面提高生产资源的利用率。因此，企业无法单独按照某一个部门或某一个合作伙伴的要求去设计生产排程计划，否则必然会导致企业长期、整体的利益受到损害。

面对这一问题，企业可以选择符合实际需求的智能排程软件形成多目标的优化方案，供生产计划排程人员进行比较。实际操作中，应分别找出形成周期最短、资源利用率最高、延迟最少、计划成本最低的计划，并在此基础上平衡各方利益，形成综合排程计划。

（2）动态生产调度。生产调度包括静态和动态两类。静态调度是在供应链环境和任务已知的情况下事先形成的调度方案。动态调度是在供应链环境和任务存在不可预知的干扰的情况下形成的调度方案。在智能神经元主导的生产模式中，主要采用动态调度模式。

实际生产中，处理单元、物料等资源的过程中发生的变化难以提前进行精准估计，这往往会影响调度计划的执行，并导致实际生产进度与静态调度模式下的排程表不符合，这就需要由智能生产模式进行动态调整，以保证不出现成本的浪费。

鉴于此，智能神经元排程模式通常采用周期性调度和再调度相结合的策略进行。可以由管理团队事先定义一些关键事件，如设备故障、订单改变等，将之预先输入调度软件系统。当关键事件发生时，智能排程系统立即自动进行重新调度，调动生产环节中的各个智能神经元进行激活或抑制。如未发生关键事件，即进行周期性的动态调度。

（3）多维度排程。智能神经元的生产排程作用于多个维度，能让生产过程有条不紊地应对变化从而顺利进行。其中主要的维度如下。

①工序。需考虑具体工序的开始和结束时间，以免生产调度和排程出现差错，从而降低资源准备和配送过程中的盲目性。

②设备。对于贵重且折旧费高昂的设备，重点提高其利用率。同样，一些功能特殊不可替代的设备，也需尽可能地发挥其最大工作能力。

③物料和成品的来源。包括对物料的采购时间和到货情况进行预测，准确计算出生产现场中何种物料将在何时短缺。这样就能及时调整生产中的优先级，形成最高效的智能神经元布局。

④库存状态。利用神经元的布局预测资源的使用情况，了解何种工序将在何时使用哪些资源、释放哪些资源，形成对动态库存状态的准确预测，并预先做好补充计划，使库存保持在接近于零的最优水平。

⑤成本管理。如果缺乏详细的生产过程记录，成本的计算将难以保证准确性。在对智能生产单元的严密监控和管理下，生产作业计划能根据工序开始和结束的时间、工序所使用的资源等数据，准确计算和预测每道工序所消耗的成本。有了这种预测能力，企业就能在生产之前对成本进行控制，以适应精益供应的需求。

⑥仿真测试。利用智能逻辑模型，企业可以在生产过程开始前进行模仿和试排程，反复模仿预测生产过程，以获得最符合实际需要的计划。

第3章

精益供应链的计划、生产与落地运营

思路决定出路，思维意味突围。

OTEP 模型中的 T，是指思维（Thinking）。思维又为精神，体现在精益供应链的建构过程中，企业应尤其注重以精益思想指导计划、预测与生产管理工作。

实际工作中，精益供应链的计划、生产与落地运营无法各自独立存在。从组织结构的建立，到业务流程的管理，都应以精益采购思维来做好预测和计划，只有这样才能实现精益生产，进而推动精益供应链的实现。

3.1 精益供应链与 PMC 系统

在精益供应链战略下，企业要想有效运营制造系统，以高效率、低成本的运营方式满足竞争市场的需求，首先需要从构建生产及物料控制系统（Production Material Control 系统，以下简称 PMC 系统）开始。因为计划是供应链的神经系统，物料是供应链运营的载体。

PMC 系统涵盖了从企业接到订单开始，回复交期、货物出货、协调处理生产中的一系列计划、预测与生产流程。企业充分开发 PMC 系统的价值，可以让企业的精益供应链管理水平大幅提高。

3.1.1 PMC 系统及其特点与价值

PMC 系统是指对生产计划与生产进度的控制，以及对物料的计划、跟踪、收发、存储、使用等各方面的调度、指挥和监督管理。

通过分析 PMC 系统的定义，可以了解其中主要包括两方面的工作内容，即生管和物控。生管，指生产管理，更多指生产计划的管理。物控，指物料控制。其中，生管包括了战略和业务计划、销售和运作计划、主生产计划、月度生产计划、日滚动生产计划、物料到货计划之间的订单匹配、库存（原材料、在制品、成品）计划管理和供应链计划管理等。物控则包括供应链管理、采购周期管理、物料需求计划、库存控制、齐套率分析、呆滞料分析和处理、工程更改单物料问题跟进、成品交货跟催、库存设计和优化、异常物料跟进等。

下面是 PMC 系统的主要管理工作内容。

1. 生产管理

（1）生产计划控制。在精益供应链管理方式下，该计划控制确保生产与销售业务的连接是畅通的。例如，设置制订生产计划的条件及标准、提供制订生产计划的方法与技巧、制定生产异常对策、进行生产计划业绩评价与分析、进行设备的快速转换与调整等。

（2）JIT 生产计划与在制品控制。该控制包括面对多变的市场需求，解决企业生产运作与在制品占用的问题。JIT 生产方式下制订生产计划、进行在制品控制；制订柔性计划；进行看板管理；合理进行工序设计与设备布置等。

2. 物料控制

（1）物料管理与库存控制。主要包括：物料需求计划的制订，即常备性与专用性物料计划的制订；供应商交货过程的跟进与控制；物料库存量的预测和控制；进货批量的控制；呆滞料与账外物资管理；物料包装与工位器具的规划；备品备件管理等内容。

（2）物料计划与仓储管理。主要包括：在当前企业的管理条件下，提升仓储管理水平；建立 PMC 体系并合理确立仓储管理机构；发挥仓储部门对物料计划、库位利用和库存控制的计划作用；优化仓储过程与 PMC 业务信息流，提升二者的协调效率等工作。

明白了 PMC 系统的两大内容，我们再来了解 PMC 系统的权限和任务、价值特点。

1. 权限和任务

PMC 系统管理部门的主要权限包括企业产品政策制定的参与权；销售计划的知情权；生产计划、物料计划的审批监督与解释权；对生产部门或生产进度的监督与指导权；PMC 系统管理部门人事调动的建议权和工作指挥权；对本部门人员的绩效考评权和奖惩建议权；物料采购进度的监督权；支援配合其他部门工作的权限。

PMC 系统管理部门的工作任务如下。

（1）分析样品。对客户要求进行分析，熟悉产品的生产工艺、物料结构及其加工特性，编制出产品物料的使用标准。

（2）编制物料计划。物控部门定期统计物料流动情况，总结物料使用规律，依此制订工厂物流计划，减少停工待料、库存呆料的现象。

（3）制订生产计划。生产管理部门根据业务订单需求对产能进行分析，并编制产品生产施工单；通知物控部门按生产计划进行备料，联络各生产部门确定计划，并要求其反馈目前的生产信息，对各部门的生产信息进行统计。

（4）生产备料。该过程包括以下工作任务。

①物控部门接到产品生产施工单后，对产品计划进行确认。

②调出产品物料清单，计算生产用料情况及用量需求，并编制物料需求清单。

③请仓库进行查询，并及时反馈物料目前库存，从中收集物料的消耗信息，按照生产计划时间对物料进行预算，编制需求计算表。

④依据物料的库存量，计算是否满足未来生产需求，如满足则通知生产管理部门进行生产排程，如不满足则编制填写物料请购单，提交给领导审核并通知采购部门进行采购。

（5）每日生产排程。其主要工作流程如下。

①由生产管理部门按照生产计划，每日根据生产信息与备料情况对已备足料的产品排出生产排程表，并下发产品生产施工单，通知各个部门进行生产。

②如遇到生产部门产能或材料不足，无法满足生产需求时，应通过 PMC 系统及时召开生产会议，寻求原因并提出整改方案，通知相关部门及时调整生产计划，确保能按期交货。

③同客户进行沟通协调。

（6）生产进度跟踪。该过程包括以下工作任务。

①生产管理部门负责对每天的生产排程进度进行跟踪，从中掌握不同生产部门的生产状况。

②生产部门出现物料不足情况时，PMC 系统内的物料管控部门负责及时通知催料。如已下单采购，则通知采购部门向供应商催料。

③如发生异常生产情况，及时召开各部门参与的生产会议，讨论并形成解决方案，避免影响其他生产进度。

④紧急插单。如营销部门接到交期较短的重要客户的订单，则 PMC 系统管理部门就需及时召开生产会议，通知各生产部门进行生产调整。调用交期较靠后的产品物料，先行生产紧急产品，并通知物控部门形成并提交相应的物料调整计划。

（7）物料跟催和控制。物料跟催和控制的工作内容如下。

①物控部门应及时掌握物料的流动状况，一旦发现缺料，就要及时通知采购进行催料。

②了解并掌握各生产部门的用料情况，发现其中的不合理用料情况，并采取合理措施减少浪费。

③定期对物料进行损耗的统计，考核耗费，并根据考核结果对物流计划做相应修改。

如上所示，PMC 系统管理部门是企业生产管理运作和物料控制的平衡杠杆，也是订单与物料计划管理的最高指挥系统，在企业中发挥着重要作用，对企业的成长具有深远的价值。大多数企业普遍存在着生产不能完全按指定生产进度进行、物料不能及时到位、采购成本过高等各种状况，从而导致出现产品无法按时交货、客户频繁投诉、订单逐渐减少等不良情况。只有通过发挥 PMC 系统管理部门在其工作权限中的各种价值特点，才能抑制这些问题的发生。

2. 价值特点

PMC 系统管理部门体现出如下的价值特点。

（1）生产调度价值。PMC 系统既具有生产系统的指挥价值，又具有企业营运系统的参谋价值。作为销售与生产系统中的枢纽部门，PMC 系统对外为客户负责，对内则能为企业营运部门负责。

在营运过程中，好产品订单进行评审并签订合同后，生产制造系统即将开始运转，计划与组织工作和控制活动随后与生产活动进行结合。在此之前，领导者必须在生产制造体系的现实水准和计划需求之间找到平衡，PMC 系统管理部门就在此过程中发挥着重要作用。通过拟订生产制造计划，企业能获得生产制造过程中所必用设备的行动方案。这样，企业就能在现有生产设施的条件下，将生产资料转化成为产品和服务。可见，PMC 系统管理部门所制订的生产计划，实质是利用现有资源和生产能力去制造产品的计划。

通过 PMC 系统管理部门的运转，生产能力计划可以反映出企业能生产的产品种类与数量，并为未来规划提供帮助，企业由此可以了解究竟应是增添生产能力，还是撤除某些生产能力，抑或是维持现有的生产能力。尤其对于那些以接订单进行生产的加工制造型企业，在根据订单进行加工的生产情况下，作业任务是严格按照订单加工，生产周期要求紧，产品品种多，客户的要求也比较严，市场变化迅速，需求量很不稳定。PMC 系统管理部门在制订生产进度计划中所发挥的作用就更加重要了。该部门对计划制订的参与，将决定各道工序的加工次序，并决定哪些机器或哪道工序应加工完成哪些作业，最终形成安排进度计划的具体规则。

（2）生产控制价值。PMC 系统管理部门既负责监督生产系统，也负责营运系统的督察。生产计划可以看作生产的预备阶段，控制则是行动阶段。

在预备阶段，PMC 系统管理部门将预测转变为进度计划，做好计划的增删工作，将任务分配给生产部门后决定任务的先后次序，编出进度计划。

在行动阶段，PMC 系统管理部门通过派工形式，将任务分配给生产部门的主管。随后，PMC 系统管理部门会继续对生产计划做出指导、监督与调整，还会对生产部门按计划执行的情况进行反馈，并允许生产部门在必要情况下采取新的行动计划。该反馈过程是生产控制活动中的重要环节。通过这一环节，PMC 系统管理部门可以检查生产部门计划完成的效果，对未按时完成的原因进行分析，责令造成效率降低的责任部门进行改善，并对其改善后的生产效率进行监督。

总之，PMC 系统管理部门拟定生产计划、控制生产过程的工作反复进行，最终能确保企业以最有效率的方式，保质、保量完成生产。这一过程类似于精益生产思想中的 PDCA 循环。

（3）物料控制价值。在制造业中，很多企业的物料和辅料成本占据了生产成本的 60% 以上，有效的物料控制是生产企业盈利的主要途径。

PMC 系统管理部门既是生产系统的主要管理者，也扮演着企业生产所需的物料管理者的角色。这是因为控制活动是一个过程，而该部门围绕该过程希望实现的终极目的是，通过变更生产制造系统某些方面的情况改善生产系统的经营。因此，通过控制及减少物料库存、提高资金利用率、控制制程的损耗，PMC 系统管理部门就能有效控制物料、降低成本，实现精益生产。

3.1.2　PMC 系统实施过程的要求

在精益供应链运营中，为全维度、立体化降低成本，会首先从客户订单的模式开始，即 MTO（Made To Order），以市场需要拉动为导向，之后的所有运营管理都基于精确的模式进行。在 PMC 系统管理实施过程中，有几项关键性的管理指标，企业领导者应围绕这些管理指标，对 PMC 系统管理部门提出要求。

1. 计划稳定性

未能建立精益供应链管理体系的企业，基本上并不注重这个指标，甚至根本没有设置这个指标，这导致在企业生产环节中经常出现抱怨："计划变化太快，让生产组织和物料供应难以适应。"并且还会增加沟通协调成本和企业运营成本。因此，建立具有稳定性的计划、形成具体的评价指标和改善目标，在 PMC 系统管理中是非常重要的。

计划稳定性指标的计算方法是：（计划总单数 - 调整单数）/ 计划总单数。

计算出计划稳定性指标，用以进行生产管理部门的考核。毫无疑问，计划有效性与稳定性越高，生产线由于计划调整而造成的转产、停拉现象也就会越少，从而能提高生产的稳定性。

2. 物料配套率 / 齐套率

在国内生产制造行业中，许多企业尚未关注这一指标，因此频繁产生物料不齐、缺少原料导致的生产停顿现象。尤其是那些零部件较多的产品，例如汽车、冰箱、电器等，即便生产计划已确定，但在生产过程中也经常会出现缺少某件物料导致生产流程停顿或转产的情况。

物料配套率的计算方法是物料齐全的产品批次 / 总计划产品批次。物料配套率主要用于考核物控部门，物料配套率的数值越高，生产过程就越稳定。

3. 计划达成率

虽然不少企业都有计划达成率，但其中许多指标实际上都是数量达成率指标。在精益供应链环境背景下，计划达成率指的是产品的批次达成率。

若只按照产品数量来计算达成率，就会忽视产品和工单的影响，管理者将无法使企业保持生产进度，会造成生产浪费，并且会反过来影响计划的稳定性。

4. 生产协调

生产协调是 PMC 系统成功运作的重要因素。协调的内容在于发现计划稳定性、物料配套率、计划达成率等相关指标的问题。为此，企业必须重视生产协调会议的召开，针对生产过程中的实际问题加以发现和解决，如企业缺乏对这一会议的重视，就不能及时发现问题，并且还会形成生产过程中的痼疾。

开好生产协调会议的要点如下。

（1）时间控制在 30 分钟以内，不能时间太长，会议通常由 PMC 系统管理部门组织召开。

（2）生产协调会议开始之前，每个参加会议的人必须将本部门发现的问题，以表单或数据形式整理出来，杜绝凭印象表述。

（3）生产协调决议。会议必须形成可执行的结论，明确未来一段时期，尤其是第 2 天的生产任务，确保所有人达成共识。

（4）解决生产异常问题。生产线异常问题要及时在生产协调会议上进行解决。避免部门之间私下讨论解决，否则很容易出现部门间相互推诿的现象。为此，PMC 系统管理部门作为主导部门，需在生产协调会议上树立权威，让生产协调会议能真正成为解决问题的平台。

（5）会议检查和落实。PMC 系统管理部门一定要在会后立刻跟进生产协调决议的执行工作。PMC 系统管理部门还要检查和跟进生产、物料的计划执行情况，并进行管理控制。同时，企业部门和稽核部门也要提供充分的支持。

（6）检查结果的反馈。要在下一次生产协调会议上及时对检查结果进行通报、评比，宣布奖惩结果。

5. 滚动计划

PMC 系统管理中，除了月计划、周计划之外，还应有按日进行的滚动计划。在实践中，很多企业只有笼统的月度计划，各个生产部门何时开工、完工都缺乏明确的时间规定，各部门更多依靠经验或直觉组织生产，甚至任由一线工作人员按照自己的喜好或者工价来选择生产何种产品，导致计划流于形式。

日滚动计划，就是将计划管理时间单位缩小为一天，PMC 系统管理部门每天下达任务、进行总结、执行奖惩。通过完成日滚动计划，最终实现周计划、月计划，从而提升生产效率。

日计划最常采取的滚动方式是 7 天滚动，其具体特点为 3 天或 2 天锁定，即"3+4"计划或"2+5"计划。

日计划管理的要点包括如下内容。

（1）日计划的制订控制。在制订日计划时，必须全面排查物料、确定物料是否齐套。否则，计划稳定性难以保证。

（2）日计划的确认控制。日计划必须在生产协调会议上做出评估和下达，将每个生产部门的任务加以明确，保证所有人达成共识。

（3）日计划的下达控制。日计划需下达到生产部的最小单位。例如，机台的日计划，最好能以派工单形式进行明确，并要求生产主管通过早会下达，并使用看板对计划进行控制。

（4）日计划的执行过程控制。在每日工作中，PMC 系统管理部门人员必须要每隔数小时到现场确认生产进度，而不是通过第 2 天的生产日报表来了解计划的完成情况。PMC 系统管理部门的计划管理员必须深入生产现场，随时了解可能引起计划变更的潜在问题。

（5）日计划的执行结果控制。PMC 系统管理部门需对日计划达成情况进行评价、考核、问责和奖惩，并应拥有参与对制造系统所有主管和部门进行考核的部分权力。

6. 备料管理

备料管理是指按照生产计划提前准备物料。正如古语所云："兵马未到，粮草先行。"通过备料管理，企业能提前检查为完成生产任务而准备的原材料，这也是对生产任务完成条件所进行的提前检查。

所谓备料，并不仅限于对物料的准备，还包括对设备模具、技术图纸、工艺参数等的检查。通过备料，企业能将生产管控工作从产中提前到产前，从一开始就将异常情况排除到实际生产之外，避免由于物料欠缺而导致停产、转产。

备料管理的要点内容如下。

（1）备料控制原则。在下达备料单时，应为解决异常情况预留出一定的时间和空间。管理转为成熟的企业，可以采取信息系统备料方法，而信息系统推行不够顺畅、账物相符率较低的企业，则可以采取实物备料。

（2）欠料异常控制。发现欠料和少料的情况，必须马上上报给对应PMC 系统管理部门，并由相关部门转告给采购部门。采购部门则解决欠料问题，避免停线、停产等情况发生。

（3）领料与配送控制。领料与配送是备料管理中最后的步骤。在领料过程中，需进行核对、点检和确认。如在过程中出现问题，应迅速进行反馈和处理。

通过上述备料管理步骤，及时、准确地发现和解决异常问题，保证开始生产之前物料已准备充分，从而保证生产线能有效生产并提高生产效率，以便支持滚动计划的顺利开展。

7. 稽核手段

如何确保PMC系统的管理机制能被有效执行落实？稽核是重要的关键性因素。

所谓稽核，是指进行有规律、频繁的过程检查，确保任务在执行之后取得良好效果。当然，稽核并不只是检查结果，同样也需关注达成结果的过程。

具体而言，稽核管理应围绕PMC系统的各项管理指标、日滚动计划、生产协调会议、备料管理等关键节点展开，检查各项作业是否严格根据规定执行。例如，检查表单是否按照要求填写、看板是否按照要求更新、规定事项是否按照要求实施等。在不同阶段中，稽核活动应结合企业的重点项目进行开展。

重要的稽核活动内容如下。

（1）PMC系统管理指标的稽核，包括检查计划稳定性、物料配套率、计划达成率等是否得到了有效的统计、分析与改善。

（2）生产协调会议的稽核，包括检查生产协调会议的召开情况、资料准备情况、决议达成和执行情况等。

（3）滚动计划的稽核。检查了解日计划是否准时下达、管理规范的使用情况、异常情况的处理方法和效果等。对日计划的稽核，一定要做到准时而频繁地跟进，尤其应注重实施计划之后的管理模式运转情况。

（4）备料管理的稽核。在备料过程中，对基础资料、物料需求计划、账物对应情况、采购支持性、备料准确性等重点内容进行监督、核对与管理。

（5）考核稽核。对企业内部相关考核作业是否公正执行进行稽核。

（6）对稽核本身的控制。稽核部门本身的控制尤其关键，PMC系统管理部门不能只是要求其他人或其他部门接受控制，而忽略了对自身的控制。PMC 系统管理部门需建立相关的稽核控制监督卡，对稽核部门的工作确立标准，明确检查对象、日期、方式、时间、地点等。最终，要通过稽核日记或看板来体现检查结果。

8. 稽核制度

为确保稽核工作结果符合要求，应建立相关的稽核制度。

（1）稽核部门必须是独立运作的部门，并应具有独立考核和评估的权限。

（2）稽核工作不能由行政部门或领导者替代开展，同样不能由人事部门替代开展，不能采用兼职、合并的方式进行工作。

（3）稽核并不是执行，而是对执行情况的监督。

（4）稽核不能只重视查处而忽视整改，这是因为稽核的目的在于积极改善员工执行的习惯，通过稽核的落实，不断消除工作中的问题。另一方面，稽核是负责监督整改的部门，但并不负责直接整改。

通过以上 8 个关键因素的运作，PMC 系统管理能减少生产现场的各种无序现象，逐步提高生产运营系统的稳定性，提高员工的士气，同时也能充分提高员工绩效和企业效益。

3.2 PMC 系统推进措施

PMC 系统管理成效如何，取决于其推进措施是否完备、到位。完善的组织结构、严谨的人员编制管理、科学的部门运作体系和程序、全面的计划体系等，都能有效转化为 PMC 系统管理成效，从而强化精益供应链的管理。

3.2.1　PMC 组织结构与人员编制管理

为了让精益供应链更具落地性，企业应进行 PMC 组织结构的设置，以支撑企业成本聚焦的要求。当然，组织结构设计与企业规模和工作任务有关，图 3.2-1 所示为 PMC 系统管理部门组织结构，以供参考。

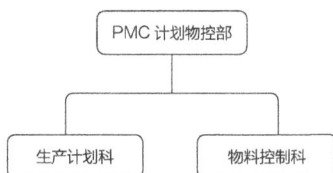

图 3.2-1　PMC 系统管理部门组织结构

在较大的企业中，PMC 系统管理工作还包括采购和物流，其岗位设置如下。

第 1 阶为 PMC 系统管理部门经理。

第 2 阶为计划主管、仓库主管、采购主管、货运主管。

第 3 阶包括计划部分——生管主管、物控主管、跟单、文员（可能会有副主管主要分管 PC（生管）或是 MC（物控））；仓库部分——仓库主管、文员（可能会有副主管或是组长／班长）；采购部分——采购工程师、采购员、文员（可能会有副主管）；货运部分——司机、送货员、文员（可能会有副主管）。

第 4 阶包括仓库部分——仓务员、搬运工等；采购部分——采购员、跟单员、采购助理等。

在中小企业内，PMC 系统管理工作则比较单纯，其岗位配置如下。

第 1 阶为 PMC 系统管理部门经理。

第 2 阶为 PC 主管、MC 主管。

第 3 阶为 PC 工程师、PC 计划员、PC 跟单员、PC 文员、MC 工程师、MC 助理、MC 文员。

PMC 系统管理部门的工作职责分工如下。

1. PMC 系统管理部门中主管工作职责

生管主管负责组织订单评审，确认订单交期；审核生产计划，跟进生产进度；物料请购的审核和物料进度的跟进；生产部人员的调配和生产异常情况的处理；新产品和重要客户订单的跟进等。

物管主管负责仓库系统管理的统筹工作；仓库存量控制和呆滞物料的处理；部门绩效指标跟进和统计数据分析；部门管理策划和系统的推导工作；部门人员的管理培训工作。

2. PMC 系统管理部门中文员工作职责

接受业务制造命令单，核查库存确定订单出货欠数和生产数量并录入交期预估表；将订单评审后确认交期的制造命令单录入订单汇总表（订单出货进度表）。跟进业务出货计划，提前通知仓库备货（备货单）并跟进出货异常情况；出具送货单，安排报关和请车工作；跟进委外加工或成品和半成品的外购情况；整理部门文件资料和分发部门文件。

（1）生管文员工作职责。将物控单主表录入物控单进度表，根据物控单进度表、业务送货计划和生产机台状况表编排生产计划；编排生产计划时可参考生产部意见，每周定期下发下周生产计划；每天上午和下午分两次以上到现场跟进生产计划和解决生产异常问题；每天上午 11 点前更新实际生产数量，并作生产负荷分析。

（2）物控文员工作职责。接到评审后的制造命令单后，根据工程需求出具物控单主表；依据物控单主表核查仓库库存状况，确定请购数量后给采购部门下请购单，并要求采购部门回复到料日期；根据请购单做请购物料追踪表，提前跟进物料到料进度；不定时核查生产产品单重，审核生产部的补料和退料过程，控制生产部的用料情况；做好库存存量控制和呆滞物料的处理工作。

3.2.2 PMC 系统管理部门的运作体系及程序建立

PMC 系统管理部门承担着生产计划和物料管理系统中的核心组织功能，

在精益供应链的建设和运行过程中发挥着非常重要的作用。

1. 运作体系

根据企业运营要求，评估 PMC 系统各管理岗位的工作负荷，再设定人员配置，形成部门运作体系的岗位框架。某企业将每日以 8 小时工作计，每周以 6 天计，每月以 28 个工作日来进行计算，得到表 3.2-1 所示的工作负荷统计表。该表直观地展示了该企业 PMC 系统管理部门的工作量。

表 3.2-1　某企业工作负荷统计表

序号	岗位	类别	工作内容	频次单位	频次数量	单次作业时间（小时/次）	预估工作量（小时/天）
1			项目订单跟催与协调处理	月	3	1	0.11
2			预排工程项目季度订单	月	1	2	0.07
3		计划	评估分析月度产能需求与协调处理	月	2	4	0.29
4			制订月度生产计划并下达生产部门	月	2	2	0.14
5			制订周生产计划并下达生产部门	周	1	2	0.33
6	生管		核实生产部门日计划与进度达成分析	日	1	1	1.00
7		跟进	跟进生产进度与异常协调处理	日	2	1	2.00
8			交期回复与协调处理	日	1	1	1.00
9			生产进度协调会	日	1	0.5	0.50
10		例会	生产周例会	周	2	2	0.67
11			产供销例会	月	1	1	0.04
	合计						6.15
1		计划	制定原材料需求计划及采购申请	周	1	2	0.33
2			物料需求排查并制定临时物料申请	日	1	0.5	0.50
3	物控		系统导出 BOM 数据清单	日	1	1	1.00
4		数据处理	根据工艺拆单解料核算物料用量	日	1	4	4.00
5			物料编码核对并申请新增编码	日	1	1	1.00

续表

序号	岗位	类别	工作内容	频次单位	频次数量	单次作业时间（小时/次）	预估工作量（小时/天）
6	物控	跟进	物料回收进度跟催	日	1	0.5	0.50
7		物控	制定物料限额领料套表	日	1	3	3.00
8			物料存货分析与不良情况处理协调跟进	周	1	0.5	0.08
合计							10.41

2. 程序建立

PMC 系统管理部门工作程序的建立，应从不同角度进行。

（1）运营计划角度。PMC 系统管理工作框架的构建，需结合企业运营的短期计划、中期计划和长期计划三部分内容。其中，短期计划包括最终发货计划、生产部门作业计划、成品供应计划。中期计划包括生产计划大纲、产品需求预测数据、工艺数据、物料需求计划、粗能力需求计划、产能需求计划和库存信息数据，以及在这些内容基础上形成的主生产计划。长期计划则由市场需求预测数据、年度计划、合同内容、组织目标、产能与供应布局、财务规划以及随之形成的产品规划构成。结合这些计划，能形成实用的部门管理框架。

（2）时间维度。根据企业生产周期来设置 PMC 系统管理结构，包括远期结构性产量、长期结构性产量、远期一般结构性产量、中期一般结构性产量、非结构性产量、近期产量、生产执行、成品交货执行等。通过对所有生产周期所需的资料和计划进行管理，设置 PMC 系统管理部门的管理结构。

（3）戴明循环。戴明循环来自美国质量管理专家戴明，又称为"PDCA循环"。戴明循环包含以下内容。

P（Plan）——计划。

D（Do）——执行。

C（Check）——检查。

A（Act）——处理。

通过戴明循环的运作，对计划加以执行，执行后再对总结检查的结果进行处理。对其中成功的经验进行肯定并适当推广，形成标准。对失败的教训进行总结，未解决的问题放到下一个循环中。

PMC 系统管理部门的管理程序也可以利用戴明循环原理来确定。包括按照不同步骤设置部门和管理人员，依据管理指标中的业务和保障指标执行产能跟进、效率跟进、呆滞或不良退出、辅料使用跟进和材料回货跟进等工作，并利用各类基础报表和主要计划的检查完成循环提升。

实际上，PMC 系统管理部门的运作体系和程序建立无绝对正确和标准的模型。企业应以实际业务需求为导向，结合企业不断成熟的信息化系统，规范 PMC 系统的运作流程、表单填报、报表填报和工作机制，使整个生产制造能以 PMC 工作体系为核心，确保生产秩序与运营管理的一致性和有效性。

3.2.3 市场预测、需求计划制订

在精益供应链运营中，都是基于客户需求来拉动生产的。所谓没有客户需求就应停止生产，因为会产生库存的浪费。

随着平台模块化、单元制生产方式的崛起，单元模块可以兼顾"市场拉动"与"预测"，能有效"储存"多余产能、减少浪费。目前，部分企业由于订单周期太长，产品生产大都依靠预测，而非收到订单后再进行生产。在市场预测过程中，企业依据国家发布的相关数据、对客户需求变化调研的结果，判断市场需求的走向，这对企业提出了现实的考验。

以三一重工生产的泵车产品为例。传统模式中，由于缺乏大数据分析技术，无法准确预测市场的"冷热"变化，曾导致该企业囤积了过量的泵车底盘零件，多年之后才将其"消化"。

此后，三一重工通过对已出售设备的多个关键参数的检测，对市场进行预测分析，从而分析测算产能规划。这些参数包括各个区域设备的开工率，因为开工率与需求经常呈现正相关关系。其次还包括设备在该区域的保有量、

保有量利用率以及该区域代理商库存水平等。三一重工通过网络传输获取这些数据，并通过模型进行测算来了解该区域应投放多少产品比较合适，再将这些产品数据叠加，就能预测出未来 3 ~ 6 个月内的全国市场布局以及产能规划。

依靠良好的市场预测分析方法，三一重工的预测结果已经达到 85% 的准确率，具备了很强的生产计划指导性。

当然，并非每一家企业都具有同三一重工一样的预测实力。但是，只有准确的市场预测，才能打造出有充分指导意义的需求计划，这已是不争的事实。

1. 市场预测的内容

（1）市场需求预测。市场需求预测是市场预测中最主要的内容。其主要是对客户购买力及其投资能力的预测，影响客户购买力与投资能力的主要因素是市场环境和企业营销策略。

（2）产品饱和点预测。产品饱和点是指产品从成熟期进入衰退期的转折点，这个转折点的到来意味着产品需求量和销售量将会出现下降。企业进行饱和点预测，要考虑行业生产量和市场销售量之间的关系，以及产品本身所处的发展阶段、替代品发展趋势和价格变化等因素。

（3）经济效果预测。主要指通过对产量、成本、利润、劳动生产率等指标进行结算与推测，从而计算出企业未来市场营销情况的好坏，为企业进行 PMC 系统管理提供依据。

2. 市场预测步骤

（1）明确预测目标，即确定预测的期限、产品品种、数量等。

（2）充分收集资料并分析资料，从中分析出具有规律的信息，寻找市场中内在的联系。

（3）制定预测模型。经过对资料的分析与推理，形成不同的假设。对市场中能定量预测的内容建立数学模型，对能定性预测的内容则建立假想的逻辑思维模型。

（4）选择正确的预测方法。根据不同方法的优缺点，结合预测项目、要求和条件，选择正确的预测方法。

（5）预测分析评价。在实际进行预测之后，对预测得到的结果进行评价，并分析预测产生误差的原因。

（6）修正预测值。企业得到的市场预测值，一般都是设定假设后进行模拟计算所获得的，因此无法成为全面准确的参考数值。PMC系统管理部门要分析与市场预测数值有关的各种因素，及时修正预测值，尽可能地保证预测值的准确性和完整性。

3.需求计划

在市场预测值的基础上，一些大型的制造企业经常采用物料需求计划来实现精益供应链。企业使用物料需求计划，是为获得与JIT生产类似的优势，例如实现库存最小化，保持生产能力的高利用率，协调交货、采购和生产运作等。

打造物料需求计划对PMC系统管理部门的技术能力提出了很高的要求。目前，企业能利用专门的软件来处理需求计划的复杂信息，包括从订货到交货所需的时间、存货数量、采购数量、多个制造生产部门对不同材料的需求情况等信息。

图3.2-2所示为物料需求计划的信息输入流程。

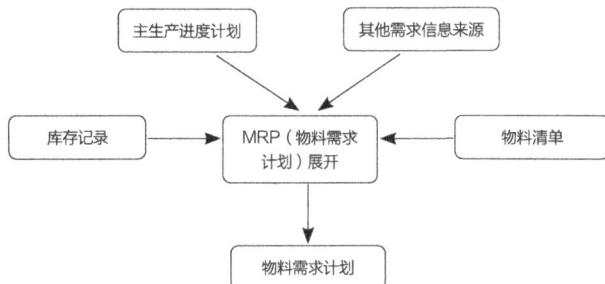

图3.2-2　物料需求计划的信息输入流程

（1）主生产进度计划。主生产进度计划是物料需求计划的驱动力量。其内容可以是完整的产品，也可以是部件或零件，通常情况下是一个完整的订单。

因此，主生产进度计划通常由客户订单确定或由预测的总需求量来计算出净需求量。

（2）物料清单。物料清单（Bill of Material，BOM）。物料清单并不只是所有需要的原材料、原件、组件的清单，还体现了产品项目的结构以及制成最终产品的不同阶段的先后顺序。通过访问了解物料清单，需求计划制作系统能精准确定完成某一产品订单需要什么原料、需要多少数量。

（3）库存记录。库存记录文件负责随时统计记录每项物料的实际存储情况，以及一系列与存储有关的信息，其中包括计划到货量、需求计划、订货计划、存储控制信息等。其中，出入库记录是库存记录的基本组成部分，包括发出新订单、接收预定到货、对预定到货期限进行调整、提取库存、取消订单、修正库存数据误差、核定报废损失和审核退货等。

库存记录能显示同种产品的批量策略、提前期和各时间段的数据，并能保持对库存水平和补货需求的监控。

3.2.4　PMC 系统管理计划体系及流程建立

PMC 系统管理计划体系是企业生产运作管理的依据，也是 PMC 系统管理的核心内容。这是因为企业内部分工越是精细、相互协作越是复杂，就越需要周密的计划、严谨的程序，以便成熟地调配资源、安排时间，从而为 PMC 系统管理提供保障。因此，企业必须对 PMC 系统管理计划体系及流程建立加以重视。

1. 计划体系

（1）长期生产计划。长期生产计划通常着眼于一年以上时间段的运作活动，包括产品与服务的选择、设施选址及布局、设备选择及布局等。长期生产计划是中期生产运作计划制订和执行的依据。长期生产计划包括企业战略计划、产品与市场计划、财务计划以及资源计划等。

（2）中期计划。中期计划通常覆盖 3～18 个月，一般以月度或季度为时间单位，主要包括对员工数量、产出率、存货水平的安排，以便为短期生产计划的制订提供依据。

中期计划包括了综合计划、产品需求预测和主生产计划。在 PMC 系统管理计划体系中，综合计划是一种针对中等生产规模的计划。典型的综合计划通常会跨越 2～12 个月的时期，少数企业会将之延长为 18 个月。

综合计划尤其适用于受季节性或其他波动性因素影响较强的生产规划。产品需求预测基于市场预测而来，主要预测最终产品或备用品的需求量，与综合计划的产出量共同作为主生产计划制订的主要依据。主生产计划则确定了每一种具体最终产品在每一具体时间段内的生产数量。

（3）短期计划。短期计划是在长期生产计划和中期计划限定的范围内，为达到期望结果而决定最佳的行为的计划，包括对工作、工人的安排和设备的排程等。短期计划包括物料需求计划、能力需求计划、最终装配计划、投入产出计划与控制、生产作业控制、采购计划与控制等。

2. 流程建立

PMC 系统管理工作流程包括订单评审与作业流程、物料请购流程、生产异常反馈处理流程、委外流程。

（1）订单评审与作业流程。业务部门接到客户意向订单后，将其转化为制造命令单。PMC 系统管理部门文员接到制造命令单后，核实产品库存，确认订单出货欠数和生产数量，并录入订单汇总。由 PMC 系统管理部门主管组织对订单的评审并确认交期。

在订单经由业务确认后，物控文员按照制造命令单开具物控单主表，并分发给相关部门。生管文员依据物控单主表录入进度表和排产，物控文员根据物控单主表出具物料请购单。随后，生管文员负责跟进生产进度，物控文员跟进物料进度，PMC 系统管理部门文员跟进订单出货进度。

（2）物料请购流程。在物控文员获取物控单主表并核查仓库库存之后，需根据常备库存量确定请购数量。其核算公式如下。

请购数量 = 订单需求数量 − （库存实际数量 − 生产订单未领数量 + 已请购未到货数量）+ 常备库存数量

核算出具体数量后，由物控文员将请购单发给采购部门，并要求采购部门回复到料日期，以便于生管部门排产。物控部门还应制定物料请购单的追踪表，对物料进度加以跟踪。

（3）生产异常反馈处理流程。为便于及时掌握生产异常情况，应制定生产异常反馈处理流程，具体内容如下。

生产部门发现生产异常（包括机器、模具、物料和其他等异常）都应第一时间报告给领班或维修人员，如不能在限定（如 1 小时）时间内加以解决，就应立即报告给主管，如主管也不能在限定（如 2 小时）时间内加以解决，就应报告给主管部门，并逐层上报给企业负责分管 PMC 系统的副总。

（4）委外流程。对于业务制造单上的产品，如本企业无法生产或生产计划排不上，且交期紧迫，就需执行委外流程。该流程由 PMC 系统管理部门文员直接出具委外工单给到采购部门，并要求采购部门回复交货日期。

若需企业外发物料给采购部门，还需另找物控部门确认物料状况，并安排仓库备料，催促采购部门通知委外企业来领料。PMC 系统管理部门文员需提前跟进委外产品的交货进度，并做好委外工单跟踪表。

3.2.5　生产部门中转物流系统导入

生产物流，通常指原材料、外购材料投入生产后，经过下料、发料运送到各个加工点和储存点，以在制品形态从企业内一个生产部门或仓库，流入另一个生产部门或仓库，并按照规定的工艺过程进行加工、存储的过程。由于生产物流更多的是在生产部门之间进行流转，因此又被称为生产部门中转物流。

生产部门中转物流系统与企业生产运行紧密相关。为支持生产过程的连续性，要求物料能顺畅地以最快、最省的运作方式进入各个生产部门的工序中，并完成最终产品的加工制造。在任何生产部门，物料供应都需遵循

OTEP 理论，突出成本与订单的重要性，避免阻塞，否则很容易导致成本浪费，从而影响整个精益供应链的运营。此外，从原材料的投入到产成品入库的过程中，原材料、零部件、在制品、成品等物料的流动，都应按计划有节奏或均衡地进行，这也需生产部门中转物流系统的成功导入。

1. 系统类型

从空间结构上进行分类，生产部门中转物流系统主要有以下 4 种类型。

（1）串联型。物料移动按照生产工艺流程顺序，在生产部门之间进行排列，例如流水生产线所使用的物流系统。这种中转物流系统只有一个物流点，如机器设备、仓库等，也只有一个物流输入点和一个物流输出点。

（2）并联型。在许多种原材料加工或转变成一种最终产品的情况下，物料根据加工工艺流程，分别被安排在单一或多道连续的中转物流系统中进行流动而制成最终产品。并联型多阶段系统，常见于装配型制造业工厂。

（3）发散型。发散型的中转物流系统结构内，同一种原材料会在不同加工地点最终转变成为多种不同的最终产品，即最终产品的种类比原材料的种类多，而所有最终产品的基本加工过程都是相同的。采用该系统的企业通常为高度专业化的企业，如炼油厂、钢铁厂等。

（4）综合型。综合型的中转物流系统是从原材料到成品都经过许多生产环节（生产部门）。其物流流动有些呈发散状态，有些呈收敛状态，综合而言就是串联、并联和发散 3 种形式的结合。在这一物流结构下，有许多原材料加工或转变成为多种最终产品。

2. 系统设计目标

在设计和运行生产部门中转物流系统时，必须以企业战略经营目标作为依据，具体涉及以下内容。

（1）快速响应。生产部门中转物流系统快速响应能力的高低，关系着一个企业能否及时满足客户的需求。例如，使用电话、传真、电子商务订货，缩短订单处理时间；使用快速响应供应系统，及时、准确地将销售数量和库存数量与生产部门信息共享；使用求货求车系统（即为车配货和为货配车调度系统），迅速制订配车计划以及时完成配送计划。这些高效响应客户需求的工作任务，即企业将必要的价值按照必要的数量，以高效率的方式提供给零售商。

（2）最小变动。变动，指企业内破坏物流系统正常运作的因素和现象。例如，客户期望收到货物的时间有所延迟、制造过程发生物品损坏、原材料或货物无法送到正确地点等。这类在物流作业中存在的潜在变动风险因素，可能直接影响不同生产环节中各生产部门内外物流作业的顺利完成，并可能会导致成本浪费。为此，PMC 系统应在充分发挥信息渠道作用的前提下，采用积极的物流控制手段，尽可能将变动降低到最小限度。

（3）最低库存。在生产部门中转物流系统中，存货所占用的资金会成为企业作业最大的经济负担。因此，PMC 系统应在保证供应的前提下，以物流系统来提高库存周转率，使库存占用的资金得到最大利用。

（4）物流质量。对企业内物流系统的管理，要求其能产生更好的物流服务质量。如运输过程中产品出现缺陷，或服务承诺未能履行，物流费用就会有所增加。因此，零缺陷是对生产部门中转物流系统管理的高要求。

3. 系统设计原则

企业内部生产部门中转物流系统的设计，必须遵循管理与技术合理化的统一，以此来指导物流系统分析、设计、控制与管理等工作。其主要原则如下。

（1）近距离原则。条件允许的情况下，应尽量减少运输与搬运量，避免增加系统成本而并不增加产品价值。

（2）优先原则。在进行物流系统规划设计时，应尽量让彼此之间物流量大的设施的位置相对接近，而物流量小的设施设备则可以布置得距离稍远。

（3）避免迂回和倒流原则。在企业内，物料迂回和倒流的现象很容易影响生产系统的效率和效益。为此，在设计中转物流系统时，必须将物料的迁回和倒流降低到最低限度，尤其是生产过程中使用到的关键性物流。

（4）在制品库存最少原则。在制品是生产过程的必需品，但同时也属于一种浪费现象。物流系统需引入拉动式看板管理和 JIT 生产管理，将这一库存降低到必要的最低限度，实现"零库存"运输和生产。

（5）集装单元和标准化搬运原则。物流在企业内搬运过程中使用的各种托盘、料箱、料架等工位器具，应符合集装单元要求和标准化原则，以提高搬运效率和质量，从而提高系统机械化与自动化水平。

（6）简化作业和减少环节原则。物料在生产部门之间的搬运，不仅要有科学的设备与容器，还应有科学的操作方法，使搬运作业尽量简化，环节尽量减少，以提高物流系统的可靠性。

（7）省力原则。在物流系统中，利用重力进行物料搬运是最高效的手段。例如，利用高度差，采用滑板、滑道等方法可有效节约资源。不过，利用重力搬运必须对物料有很好的控制和做好防护措施，避免由于产品、零件和物料的磕碰，对人员造成伤害或对物料、设备造成损坏。

（8）合理提高物料活性原则。物料的活性系数是判断物料流动难易程度的重要指标。在条件允许的情况下，应尽可能提高物料活性。

（9）提高机械化水平原则。更高的机械化水平能提高搬运质量和效率。采用适当标准，充分考虑物流量、搬运距离和资金条件等因素，合理选择机械搬运设备。距离越远，应越是倾向于选择机械化运输设备，反之则选择搬运设备。物流量越大，应越是倾向于选择复杂化设备，反之则选择简单设备。

（10）人机工程原则。生产部门内物料运输的目的应事先进行明确，确保物料搬运能一步到位，避免二次搬运和装卸。同时，对搬运、装卸设备和工位器具的设计和布置，也应满足人机工程要求，要能在各个操作环节上保证操作者操作起来省力、安全和高效。

（11）自动化原则。物流系统的自动化，能有效提高物流效率。其中，使用计算机管理系统是物流信息控制的重要手段。在条件允许的情况下，企业应尽早、尽快实现生产部门内物流系统的自动化，采用计算机管理系统辅助管理的同时，使之与其他管理信息系统同步集成开发。

（12）柔性化原则。企业的产品结构、生产规模、生产部门布局、工艺条件的变化或管理结构的变更，都会引起物流系统结构乃至基础布置的变化，因此，生产部门中转物流系统在建设之初就应具备柔性特点，从而有利于生产工艺的变动和调整。

（13）系统性原则。生产部门中转物流系统是企业 PMC 系统的组成部分，其目标和 PMC 系统目标相一致。企业既要重视单一物流环节的合理化，又要重视物流系统的整体化。既要确保个别物流环节的机械化、省力化和标准化，又要解决物流整体化和系统化的问题。对生产部门中转物流系统的改善，应贯穿生产全过程。

3.2.6 生产异常管理导入

生产异常是指导致生产现场停工或生产进度延迟的情形。由此造成的无效工时，则称为异常工时。

表 3.2-2 列举出了生产异常的种类及其原因。

表 3.2-2 生产异常的种类及其原因

种类	原因
计划异常	生产计划临时变更或安排失误
物料异常	物料供应不及时（断料）、物料品质出现问题
设备异常	设备不足或出现故障
品质异常	制程中出现品质问题
产品异常	产品设计或其他技术环节出现问题
水电异常	水、电等资源出现问题

发现生产异常后，PMC 系统管理部门应及时组织生产现场人员，积极开展以下工作。

1. 异常状况排除

（1）计划异常处理。根据异常情况，对计划进行调整，迅速做出合理的工作安排，确保生产效率，使总产量保持不变。同时，安排对因计划调整而余留的成品、半成品、原材料进行盘点、入库、清退等处理工作，将因异常而导致闲置的人员调整从事其他加工工作，并及时安排人员以最快速度做计划更换的物料设备等准备工作。

（2）物料异常处理。接到生产计划之后，应立即确认物料状况，查验物料是否短缺。同时，对物料信息进行分析掌控，并向相关部门进行反馈，避免异常情况带来更大影响。

在物料即将告缺之前的指定时间（如半小时）通过警示灯、电话或书面形式，将物料信息向采购、生产部门进行反馈，随后确认物料何时能补充完整。如物料属于短暂缺少，即可安排闲置人员进行前加工、整理整顿或其他零星工作。如物料短缺时间较长，即可安排人员参加教育培训，或及时和生产管理部门协调变更作业计划，安排人员生产其他产品。

（3）设备异常处理。发生设备异常时，应立即通知技术维修人员协助排除故障，并安排闲置人员进行整理整顿或前加工工作。如设备故障不易排除，需较长时间才可解决，就应与生产管理部门进行协调并对人员进行另外安排。

（4）品质异常处理。发生品质异常时，应迅速通过警示灯、电话或其他方式，向PMC系统管理部门及相关部门进行请示。随后，协助品管部门、责任部门共同研讨对策，以确保生产任务的完成。如异常确属暂时无法排除，就应和生产管理部门协调并进行生产变更。

（5）产品异常处理。发生产品异常时，迅速通知品管部门，并联系生产技术部门或开发部门进行处理。处理方式应按照品质异常处理的方式进行。

（6）水电异常处理。发生水电异常时，首先应迅速采取降低损失的措施，同时迅速通知生产技术部门和其他相关后勤部门进行处理。闲置人员可以做其他工作安排。

2. 生产异常报告

在生产异常事件发生之后，如异常时间超过 10 分钟以上，应要求现场管理者及时填写表 3.2-3 所示的生产异常报告单。

表 3.2-3　生产异常报告单

生产批号		生产产品		异常发生单位	
发生日期		起止时间	自　　时　　分至　　时　　分		
异常描述		异常数量			
停工人数		影响度		异常工时	
紧急对策					
填表单位	主管：　　　审核：　　　填表：				
责任单位分析对策					
责任单位	主管：　　　审核：　　　填表：				
会签					

下面是该表的内容填写要求。

（1）生产批号。填写发生异常时正在生产的产品的生产批号或制造命令号。

（2）生产产品。填写发生异常时正在生产的产品的名称、规格、型号。

（3）异常发生单位。填写发生异常的制造单位名称。

（4）发生日期。填写发生异常的日期。

（5）起止时间。填写发生异常的起始时间和结束时间。

（6）异常描述。填写发生异常的详细状况，尽量用量化的数据进行陈述。

（7）停工人数、影响度、异常工时。分别填写由于生产异常而停工的人员数量、因异常而导致损失的影响、因异常而导致的异常工时的数量。

（8）紧急对策。由异常发生部门填写应对异常的临时应急措施。

（9）填表单位。由异常发生部门的经办人员和主管签字核准。

（10）责任单位分析对策。由责任单位填写对异常的处理对策。

3. 生产异常责任分析

想对生产异常进行处理，必须辨析生产异常责任的归属，才能找出稳妥对策。PMC 系统管理部门可以根据部门进行划分，预先总结属于各个部门自身责任的工作失误现象，并在问题发生后，依据具体情况划分责任。如是两个以上部门工作失误所导致的异常，则需按照主次来划分责任。

3.3 精益生产

精益生产是精益供应链的组成部分与重要基础。实施精益生产，将提升精益供应链的运转效率，而精益供应链的成熟运营，也能促进企业精益生产水平的提高，从而使企业从中获得更高的利润。

3.3.1 什么是精益生产

"精益生产（Lean Production）"是美国麻省理工学院在一项名为"国际汽车计划"的研究项目中对日本丰田汽车公司的生产方式提出的总结性赞誉。

对精益生产的广义理解包括多项内容。一般来说，通过精益生产，企业的经营状况由差转好，经营状态由混乱转规范，经营成本由浪费转节俭，员工态度由消极转积极。总而言之，精益生产不断创造出原有生产体系所无法创造的价值，正如 OTEP 模型所指出的那样，精益生产无疑是围绕成本核心来提供这些价值的。

精益生产方式的主要内容包括现场改善、新品研发、杜绝浪费（包括战略供需关系管理、人力资源优化、设施布置精细化、JIT 生产计划和控制、质量管理等）。

1. 现场改善

主要包括标准化工作、5S 管理和目视管理，打造出清洁、安全和有序的工作环境。

2. 新品研发

针对新品研发，精益生产提出了减少浪费的要求，即在产品设计上，必须满足市场多变的需求、减少产品开发的成本。例如，丰田汽车公司就将其新品研发置于经营目标的主轴地位，注重将质量分析纳入产品开发计划中，通过从源头上减少产品开发的不合理来消除产品浪费和解决质量问题。

此外，企业还可以采用更先进的产品研发管理办法来实现这一目标，如采用可靠的设计工程方法，提高产品设计的可生产性；采用面向客户的设计方法，提高客户的响应度；采取并行的产品开发方法，缩短产品设计时间；利用模块化设计方法，减少零件变化等。

3. 杜绝浪费

在精益生产体系中，企业以彻底消除浪费来提高效益。所谓浪费，就是一切增加成本而不提高产品价值的因素，包括过量生产和积压、人员浪费、不良品浪费等。为此，精益生产强调同步化即平行化的生产方式、弹性配置作业人数、保证质量等，其中可以具体采用的措施包括按照对象专业化组织生产单位、缩短作业转换时间、加强对外协配套厂的联系和控制、实行轮岗制、培养多能工等。

想要减少生产经营中的浪费，除了以不同的管理措施来发掘潜力之外，减少生产过程中的人力资源浪费也是重要措施。精益生产中，经常采取改变设备的配置方式、改善作业标准、优化作业组合、训练员工的多能性等方法，来控制和降低人力成本。

3.3.2 拉动式 JIT 生产

精益生产的管理模式特点更多体现在"拉动"特征上，其与推进式生产的管理模式存在很大不同。

推进式生产管理模式中，企业的决策部门根据企业经营方针和市场预测制订年度生产计划，并对产品按照零部件进行分析，计算出不同零部件的需求量和各生产阶段的生产量，确定各个零部件的投入产出计划，并按计划发出生产和订货指令。

随后，每个生产环节按计划进行生产，将实际完成情况反馈到计划部门，同时将已经完工的零部件送到下游生产环节。

图 3.3-1 所示为推进式生产方式。其中，虚线代表信息流，实线代表物流，WC 代表生产部门。

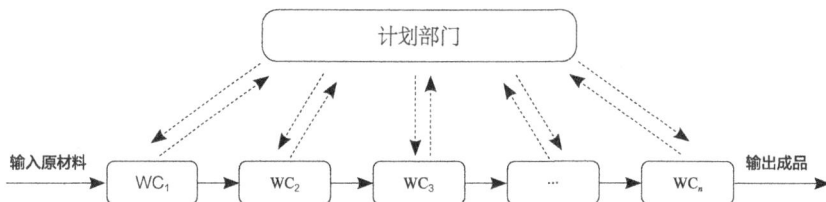

图 3.3-1 推进式生产方式

推进式生产方式采用计算机管理方法。在物流组织上，以物料为中心，强调严格执行计划，维持一定的在制品库存。在生产计划编制和控制上，围绕物料的转化来制造资源，由此不可避免地产生在制品库存，即承认库存的作用。

由于计划信息总是存在有限性、不准确性，加上物流和信息流的完全分离，计划不可能做到很精准。因此，在推进式生产方式下，实际上无法做到完全的按需生产。

相比之下，精益生产方式的计划系统由最后一道工序开始，以反工艺顺序逐级拉动之前的工作中心。图 3.3-2 所示为拉动式生产方式。

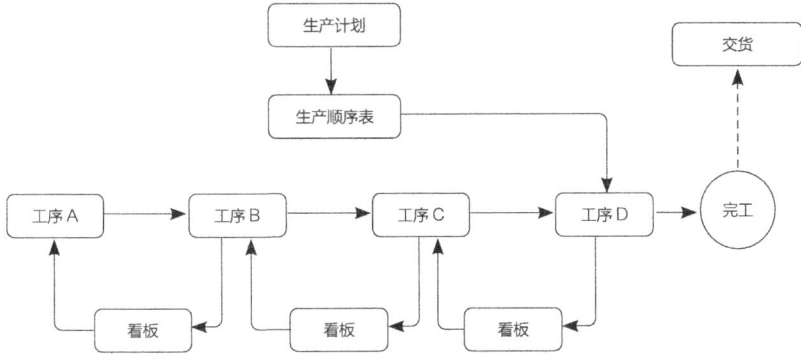

图 3.3-2　拉动式生产方式

拉动式生产方式的具体要求是，从总装线开始，按照反工艺顺序，以逐道工序为步骤向前推进，直到原材料准备部门的各级都能按看板的要求进行取货、运送和生产。

由于拉动式生产方式要求各个环节全面实现生产同步化、准时化、均衡化，所以看板管理成为必要的控制手段。通过看板管理，企业能实现对内部不同生产工序和物料流动的控制，并扩大到对供应商的控制。

精益生产中的看板，是传达生产任务的工具。这一工具能对生产任务进行调节和控制，确保在必要时间内生产出必要的产品。从本质上看，看板是一种信息媒介，在需要的时间按照需要的量对所需零部件发出生产指令。实现这一功能的形式是多种多样的。

实行看板管理时，需对设备重新进行排列和布置，由于每种零部件只有一个来源，所以其在加工过程中会有明确固定的移动路线，而每个工作地点一般会设置两个存放处，分别为入口存放处和出口存放处。对应的看板通常也分为两种，一种是生产看板，主要负责发出生产指令，是用于指示工序加工规定数量制品的看板。另一种是取货看板，即移动看板，是后工序按看板上所列出的件号、数量等信息，到前工序地点领取、运输制品的看板。

除了针对内部使用的生产看板和移动看板之外，精益生产中另一种常见的看板为外协看板。

外协看板针对外部协作企业所使用，看板上记载进货单位的名称和进货时间，以及每次进货的数量等信息。这一看板与内部看板类似，但"前工序"并不在内部，而在供应商。因此，为保证精益生产效率不断提高，当企业规模扩大之后，也应要求供应商推行精益生产方式。

3.3.3 全面质量管理的 PDCA 循环

全面质量管理是以组织全员参与为基础的质量管理形式。从 20 世纪 80 年代后期以来，全面质量管理得到进一步扩展与深化，其含义远超普通意义的质量管理领域，成为综合、全面的经营管理方式与理念。

在全面质量管理中，全面是相对统计质量控制中的统计而言的，即生产出满足客户要求的产品，提供客户满意的服务，而并非仅靠统一方法去控制生产过程。同时，全面还是相对生产制造过程而言的，意指涵盖了从市场研究、研制、设计、制定标准，到采购、配备设备与工装、加工制造、工序制造、检验、销售、售后服务等所有生产制造过程，使之相互制约，共同提升质量水准。

在全面质量管理中，戴明循环（PDCA 循环）这一管理工具非常重要，图 3.3-3 所示为戴明循环。

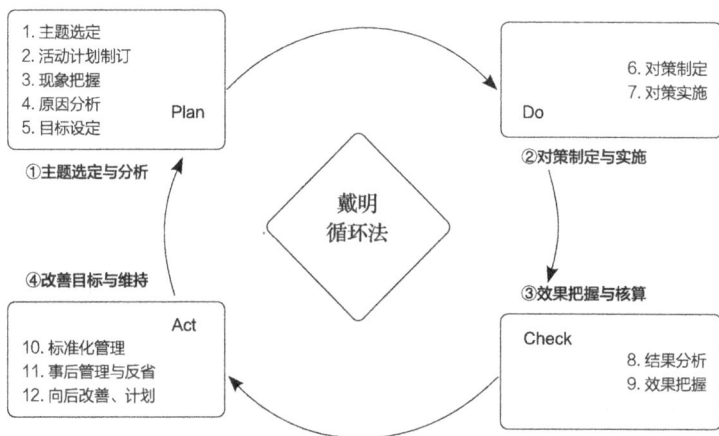

图 3.3-3　戴明循环

1. P 阶段

包括主题选定、活动计划制订、现象把握、原因分析和目标设定。

（1）主题选定，即确定改善什么。主题的确定可以来自上级主管部门的指令、指导，也可以来自小组自行的选择。

（2）首先需对问题现象进行充分调查和把握，并分析出背后的具体原因。其中包括调查现状、收集并整理、分析数据，以此将问题的症结寻找出来。随后，应确定通过小组改善活动需将问题解决到何种程度，以便得出小组改善活动预计要取得的成果。通常来说，活动计划中的目标值只应设定一个，最多不能超过两个，并应在计划中利用数据与事实结合来说明设定目标的理由。

2. D 阶段

包括对策制定、对策实施。

（1）制定对策时，小组应针对导致问题出现的每条主要原因分别提出对策。小组成员可以围绕原因独立思考、发散思维并相互启发，从不同角度提出改进的想法。当小组成员提出对策后，再集体分析研究每项对策的有效性、可实施性、技术可靠性、经济合理性和难易程度等。

经过比较与选择，对拟采用的对策制定对策表。

（2）实施对策时，小组成员必须严格控制管控过程。在实施过程中如遇到困难无法推进，应及时进行集体讨论并修改对策，再实施新对策。

当每条对策实施完毕后，由小组收集数据，并与计划中所确定的目标进行比较，检查对策是否达到要求，以为最后形成改善结果提供依据。

3. C 阶段

包括结果分析和效果把握。

（1）当对策全部实施后，就要按照实际情况进行工作，从中获得数据，与预先制定的目标进行比较。如达到目标，就可以进入下一步；如未达到目标，就要根据分析所得出的结果，重新回到 P 阶段进行原因分析。

（2）当问题真正被解决并取得成果后，可以计算给部门或企业带来的经济效益。

4. A 阶段

包括标准化管理、事后管理与反省及向后改善计划。

（1）小组改善活动取得效果后，改善并未结束。为将效果维持下去，应将对策中经过实践证明有效的措施纳入有关生产标准，并在经过批准后纳入企业管理办法。

（2）通过小组课题的活动总结与反省，提出在活动中收获的经验与暴露的不足，并根据其中的遗留问题提出下一步工作计划。

3.3.4　5S 管理策略与技巧

5S 管理策略与技巧集中体现了 OTEP 模型中精益供应链的低成本核心，主要包括以下五大重点。

1. 整理（SEIRI）

将工作场所的所有物品区分为有必要的与无必要的，保留有必要的，其他的都清除掉。

2. 整顿（SEITON）

将留下来的有必要的物品，按照规定位置摆放整齐并加以标示。

3. 清扫（SEISO）

将工作场所内看得见与看不见的地方加以清扫，确保工作场所内干净、亮丽，并检查清除污染源。

4. 清洁（SEIKETSU）

对上述成果加以标准化并维持。

5. 素养（SHITSUKE）

通过培训，让每位员工都形成良好的习惯，使其遵守规则做事，并由此培养出其主动积极的精神。

5S 管理策略主要应用于生产现场的改善活动，同时辅以形式灵活多样的培训。采取类似游戏的培训，可帮助企业员工尽快熟悉、掌握工具，形成团队参与感。

5S 管理策略对提高任何企业生产服务现场的环境管理、质量管理、设备管理与安全管理水平，都是十分有效的。这一管理策略不仅能改善生产服务现场的环境，还会对整个企业的运营有着潜移默化的转变作用。这要求企业领导者必须有强烈的成本意识，将 5S 管理同企业产品质量与企业信誉紧密相连，最终推进精益供应链的建设。

在推行 5S 管理策略时，遵循一定的步骤先后次序非常重要，一旦出现错误，则可能事倍功半。通常的推行步骤包括成立推行组织、拟定 5S 管理工作实施方案、做好培训教育与宣传工作、按实施方案组织实施、持续改进以纳入管理轨道等。

3.3.5　六西格玛方法

六西格玛方法最初是摩托罗拉公司在 20 世纪为应对日企的质量挑战而采取的管理方法，后来经美国通用电气公司发扬光大，成为有效的精益生产管理策略。西格玛（σ）为统计中使用的希腊字母，意指标准偏差。

六西格玛方法针对设计、生产与服务，推进产品与业绩改进趋于完美。这一管理方法体系可以从两个方面理解，其既包括产品质量必须满足客户需求，要使客户满意，也包括在此前提下产品形成过程和形成结果应尽量避免出现缺陷，以达到六西格玛水平。

六西格玛方法以客户为中心、以数据为基础，以追求近乎完美无瑕为目标。其核心在于以系统、科学的依据进行数据分析并找出问题、分析原因、改进优化、控制效果，确保企业在生产能力方面达到最佳境界。

六西格玛方法吸取了全面质量管理中的"零缺陷"与"持续改进"等思想，并将之具体化、可见化。该方法包括以下 5 个推进阶段。

1. 定义

辨别核心流程和关键客户，定义客户需求。在六西格玛方法中，客户需求也被称为质量关键点。

2. 测量

评估企业当前绩效，测量当前流程的关键方面，收集相关资料，了解现有质量水平。

3. 分析

分析数据，寻找并检验原因和效果之间的联系，以确定二者的关系。随后从中找准影响质量的关键因素和根本原因。

4. 改进

针对关键因素，找到解决办法，确立最佳改进方案。进而优化当前流程，根据分析数据运用不同的方法创建新的理想流程，形成规范运作流程的能力。

5. 控制

采取措施，维持改进结果，确保任何偏离目标的误差都能改正。

在上述方法中，必须首先辨别企业业务核心流程，确定核心流程的关键产品及其服务的关键客户，并确定客户质量关键点，随后再对企业的当前绩效进行量化和评估。

3.3.6 精益现场管理

精益现场管理即企业利用科学的管理制度、标准和方法，对生产现场各个生产要素进行合理有效的管理，确保生产现场始终处于良好状态。精益现场管理是对生产第一线的综合管理，是以低成本促成高效益的秘诀，也是精益经营系统的重要组成部分。

1. 精益现场管理的对象

（1）投入资源。企业在生产经营中必要的投入资源，包括厂房、设备、资金、人员等，这些都构成生产活动必需的投入资源。

（2）有价值的产品。生产活动的成果是产品，当客户获得产品，也就获得了价值。因此，精益现场管理必须关注产品的质量、成本和交货期。

2. 精益现场管理的方法

（1）3S 改善。3S 主要指 5S 管理策略中的整理、整顿和清扫 3 项改善工作。

整理，将必需物品和非必需物品进行区分与处理。整顿，明确物品放置场所，将物品摆放整齐，通过地板划线定位的方式，对场所和物品形成标示，并制定出废弃物处理办法。清扫，即确保工作现场无垃圾和污垢，使被取出的工具立刻能正常使用，制造出高品质、高附加价值的产品。

（2）污染源、隐患点的红黄牌作战。红黄牌作战，即利用红色和黄色标签，对生产现场各角落的污染源、隐患点等问题进行对应标识。

最常见的红黄牌作战实施对象包括工作场所内不需要的物品，有油污和不清洁的设备、卫生死角，需改善的流程、地点和物品，任何异常或可疑的地方。

在实施红黄牌作战时，现场人员或监管人员应用挑剔的眼光去看待现场，可以将红色和黄色标签贴在任何有问题的地方。如有犹豫，宁可从严贴上红色标签，也不应宽容选择黄色标签。

（3）团队 3M 改善。团队的 3M 改善即设备、工艺、品质的现场改善。

①设备改善。在日常现场工作中发现设备所存在的问题，包括浪费时间、浪费原材料、出现异常、困难作业等，从而努力消除损失，并降低成本、提高设备效能。

②工艺改善。需生产部门、工艺部门、工装部门共同到现场，面对暴露出的问题，通过试生产探讨并确定新的相关作业标准，并对原有的生产作业标准进行修订。

③品质改善。现场品质改善的基本流程是，通过将同一工作现场的人员

组织起来形成团队，对生产产品的品质问题、售后服务和加工作业过程中出现的问题进行检讨并改善。通过品质改善，形成标准化内容，并进行推广。

（4）定点摄影。将工厂的死角、不安全之处、不符合原则之处，用相机拍摄下来，并在员工都能看得到的地方公布展示，激起员工改善的意愿。改善后，在同一地点、同一方向再次进行拍摄并公布展示，使员工了解改善的成果。

进行定点摄影时，应仔细标明每张照片的拍摄地点和时间，以便体现出照片拍摄前后的对比关系。

（5）班前会。班前会，顾名思义是班组（科室、部门）每天工作前开的会，要对每天的工作做出具体的安排。除了由班长（科长、部长）进行相关安排外，还可以让组员在会上就本职工作各抒己见，说出自己关于工作的想法；班长（科长、部长）还可以列举出有关困难进行讨论、分析，尝试寻找解决的办法，以此调动组员的积极性，做到人人参与。

除了上述方法外，积极采取岗位维持基准、看板管理、改善提案活动等方法，也能更好地提高现场管理的水准。

（6）目视化实施。该步骤的要点在于无论是谁都能利用目光判断现场管理的好坏，从而及时发现异常。为此，目视化实施要能保证观察者判断速度快、精度高，同时判断结果不能因人而异。

该步骤中需重点应用的工具包括划线颜色、管道颜色。管理的内容包括厂区、办公室、生产区域目视管理，设备、工具、物料目视管理，安全规范、生产细节目视管理等。

判断现场目视管理水准的标准包括以下3个方面。

①初级水平，有标示、状态明确。

②中级水平，谁都能判断良否（好坏）。

③高级水平，管理方法（异常处置等）都一目了然。

（7）持续管理。作为精益现场管理体系建设的最后一步，企业在使用上述方法之后，应建立完整的体系，包括形成管理规范、管理组织、评价标准等。

在部门和团队之间进行自检和互检活动。以亮点评价机制、KPI 考核制度、文化宣传机制、总结发表机制和星级评价机制，确保现场改善的成果得以持续。

第 4 章
精益采购运营与成本控制

绩效，是战略实践的核心。精益采购运营与采购成本控制，需要精益供应链工作者具备特有的能力、掌握特定的工具。而这个工具正是 OTEP 模型中采购的"P"，即绩效（Performance）。

精益供应链管理体系初步建立后，企业开展采购工作就应积极加强精益管理，并提升运营质量、控制采购成本的战略重点。为此，企业还要选择科学合理的采购模式，对相关信息进行剖析，妥善选择和制定采购流程与内容。这样才能在控制采购成本的同时，尽量使采购运营与企业的精益供应链相匹配。

4.1 以成本为中心的采购运营

精益供应链以成本为中心进行采购运营，是保障精益采购效益、促进供应链可持续发展的必要步骤。企业应将成本控制理念贯穿于采购运营的各方面，在对采购成本形成清晰、全面的了解之后，更好地去维护企业的竞争优势。

在精益采购运营中，OTEP 模型指出了下面的具体工作任务与目标。

（1）理顺采购战略与采购任务的关系。

（2）构建采购工作的供应商开发、筛选、评估与管理能力。

（3）降低采购成本与建立商务谈判能力。

（4）构建涉及计划、仓储、生产、配送工艺、调度等部门的系统绩效。

（5）辅导采购人员进行采购，实现技能落地。

4.1.1 采购需求分析

需求部门说要 A，可能他实际需要 B。因为需求部门提出来的需求有时候不是真实需求。如果按需求部门提出的需求进行生产，结果可能会是白花了精力和成本。

需求分析是采购工作的开始，进行需求分析可以将问题和成本浪费"扼杀"在开始阶段，付出的代价几乎可以忽略。因此，想要实施高效采购，必须先分析清楚采购需求。采购需求是指对采购物料或服务特征所形成的描述。精准的采购需求能合理、客观地反映采购物料的主要特征、供应商条件等，并能切合市场实际情况。

具体而言，采购需求分析，即企业在组织进行采购之前，分析弄清需要什么、需要多少、什么时候需要的问题，进而明确应采购什么、采购多少、何时采购、怎样采购，从而获得切实可靠、科学合理的采购任务清单。

通过采购需求分析，企业得以编制采购计划、形成采购决策。缺乏对未来发展趋势的准确分析的采购决策和计划只会是盲目的。因此，采购需求分析是企业增强竞争能力与提高经营管理水平的重要手段。

1. 采购需求分析的期限

在对不同采购需求进行分析时，分析结果的准确性和可靠性与分析期限有密切关系。根据分析期限的长短，采购需求分析可以分为以下 4 类。

（1）长期分析。分析期限通常为 5 年或以上，根据企业的长远发展战略与市场需求发展趋势进行综合测评和分析。长期分析通常预测期较长，不确定因素较多，分析结果与实际情况的误差较大。

（2）中期分析。分析期限为 1 ~ 5 年，主要围绕企业经营战略、新产品研究与开发等方面进行预测。由于中期分析的分析期不长，不确定因素较少，相关数据资料较为完整，因此分析结果比较准确，可以避免长期分析所产生的误差。

（3）短期分析。分析期限通常以月为时间单位，通常为 3 个月至 1 年，主要为确定某种产品季度或年度的市场需求量，以便科学调整企业的生产能力。例如，编制生产计划表、组织短期货源等。

（4）近期分析。分析期限通常以周、旬为时间单位，主要对企业内不同环节进行分析，以确定物料或零部件的需求数量、确保生产过程的连续性与稳定性。例如，通过分析某段时间内生产某种产品所需的零部件数量，以确定生产批量的多少、批次等。由于近期分析的不确定因素较少，因此可预见性较强，分析结果通常也比较准确。

为提升精益供应链的运营效果，究竟采用何种类型的分析方式，应根据企业经营决策的实际情况，结合所分析目标的内容、性质、特点和具体要求而定。

特别需要指出的是，在精益供应链管理中，所有的分析都是作为宏观指导，而不作为企业执行的标准。因为在精益供应链中，由客户真实需求驱动才是其真实的业务模式，而不是按需求进行预测与分析。

2. 采购需求分析的方法

进行采购需求分析时，可以采用统计分析法、推导分析法、物料消耗定额法等。

（1）统计分析法。采购需求分析中使用最多、运用最普遍的方法即统计分析法。统计分析法的任务就是根据相关的原始材料进行分析，获得企业物料需求规律。其中最基本的原始材料包括以下 4 种。

①各个部门的采购申请单。

②各个部门的销售日报表。

③各个部门的领料单或仓库出库单。

④生产计划任务单等。

对不同的原始材料，可运用不同的方法进行统计分析。例如，根据每天的销售日报表，结合每种产品的物料清单，统计得出企业物料的消耗规律，进而得出物料需求规律。

物料需求规律有两种表示方法，分别是时间函数法和有序数列法。

时间函数法是将物料消耗量以时间函数形式展现而形成连续的时间序列。有序数列法则是将各个单位的销售日报表按单位时间进行汇总，得到按先后顺序排列的销售量序列，体现出物料的消耗规律。

（2）推导分析法。利用推导分析法，可依据企业主要生产计划进行需求分析。在推导分析中，既不能凭空想象，也不能依靠人为估计，而是要进行严格推算。

推导分析法主要的方法步骤过程如下。

①制订主产品生产计划，主要围绕订货计划生成。结合 OTEP 模型来看，这意味着对以订单驱动生产的精益供应链制造型企业而言，生成该计划比较

直接简便。但对有库存的渠道供应链生产企业而言，主产品生产计划需依靠预测与经营计划的结合来生成。

②制订零部件需求计划。在生产企业中，零部件主要用于装配主产品，同时也用于对需维修保养的已销售产品提供服务。其中可用于推导分析法的部分，主要指服务类型的零部件生产计划。

③制定主产品结构文件。企业应分析出装配主产品所需的零部件、原材料，并区分其中哪些属于自制，哪些属于外购，自制品的制造过程又需采购哪些零部件、原材料。最终，逐层获得主产品的需求结构层次，并对其中每个层次的每个零部件，都标出所需数量，直到分解得到全面物料层次。

根据主产品结构文件，企业能统计得出完整资料，并形成整体表格，表格内容即为主产品和零部件的采购需求结果。

④制定库存文件。采购管理者可到仓库调查了解主产品和零部件的采购需求结果中包括的各零部件、原材料的现有库存量和消耗速率，这样就能得到更为准确的需求分析结果。

（3）物料消耗定额法。在生产企业中，对物料消耗定额进行管理，是采购管理者常用的需求分析方法。通过物料消耗定额管理，采购管理者能根据产品实际的零部件组成结构或工作需求，获得所需采购的物料的品种与数量信息。

物料消耗定额是指在一定生产技术组织条件下，生产单位产品或完成单位工作量所必须消耗的物料标准量。该标准量通常用绝对数表示，例如，制造一台机械需消耗多少钢材、生铁；也可以用相对数表示，如配料比、成品率、生产率等。如按照物料种类对物料消耗定额进行划分，通常可分为主要材料消耗定额、辅助材料消耗定额、零件材料消耗定额、燃料消耗定额、电力消耗定额、设备维修材料消耗定额、工具消耗定额等。

企业确定物料消耗定额的方法，通常有如下3种。

①技术分析法。即从产品结构、技术特点、加工设备、工艺流程等方面，明确物料消耗定额。

②统计分析法。根据以往生产过程中物料消耗的统计资料，分析研究相关因素的变化，从而确定物料消耗定额。采用这种方法时，企业需参考详细、可靠的统计资料。

③经验估计法。根据技术人员或生产操作员工的实际生产经验，参考相关技术文件，并考虑因素变化，从而确定物料消耗定额。

4.1.2　采购流程控制

流程成本是隐形成本，很多企业的供应链虽然以成本为导向，但精益的流程化支撑性不够，导致"购买一台 50 万元的设备"与"购买一只 1 元的圆珠笔"流程是一样的"耗"成本。

针对在采购流程中各环节存在的主要问题，这些企业可以结合实践中先进企业的成功做法与经验，围绕以下优化步骤，加强对采购流程的控制，实现各个环节的优化。

1. 强化需求管理

（1）大力推进需求标准化。采购部门应与供应商和企业生产需求部门，如技术、质量、设计等部门，共同推进企业物料需求的标准化。采购部门和核心供应商在设计阶段应积极参与，共同商定采购需求计划，实现设计阶段的需求标准化。不断对各品类物资的需求详情进行分析，对其中通用物资应尽量规定统一的规格型号。

（2）注重需求分析，提高需求计划的准确性。通过对历史采购数据、企业业务发展规划的研究分析，加强采购计划的预测能力，增强预测的准确性。加强对日常采购数据的收集、统计和分析，建立关键物料的需求分析和预测模型，以此提高预测计划的准确率，最终做到将需求计划的编制从单纯人为操作转变成科学预测。

（3）提高需求计划的可执行性。需求计划的可执行性应全面提高，单纯用于执行的采购计划，应由企业下属部门根据生产计划和季度或月度物料使用需求进行编制。编制后可不必上报，但必须严格执行，确保需求计划能真正发挥统筹的作用。

（4）建立和完善平衡机制。企业应通过跟踪供应市场的整体生产状况，研究供需差距，并针对不同的紧急情况，分别准备有效解决方案。

2. 规范采购交易管理

（1）进一步规范采购交易方式，明确不同交易方式的不同适用条件，对特殊采购事项进行严格控制。尤其应明确规定采购的具体条件，严格界定在何种条件下采取何种采购方式。对其中的例外情形，需规定至少向上一级管理机构提出申请，获得批准后才能得以进行。

（2）尽量采用招标采购方式，以提高采购交易的合规性。对重大项目的物料采购，应以公开招标为主；对日常运营维护的物料采购，则应以邀请招标、单一来源采购为主。在招标过程中，供应商一旦中标，就应形成物资采购信息系统中的产品目录，企业内部门可以根据目录直接下单采购，避免再次招标导致成本上升。

3. 加强合同执行过程管理

规范合同管理，将采购合同有关数据与信息，整合录入统一的物资采购管理系统，并加强对货款预付、货物交运、货物验收等具体执行环节的管理。

4. 加强价格管理，建立价格形成机制

（1）分析整理企业历年来各个品类物料的历史采购价格，及时发布共享，为价格谈判提供重要依据。

（2）制定价格策略，建立定价模型，对各品类物料从全生命周期性价比最优、总成本最低角度进行需求分析，进而制定采购价格策略，建立成本分析模型与定价模型。

（3）强化采购物料的成本核算，加强和供应商之间的定期交流协作，制定及时、准确的价格跟踪与管理机制。在确定了采购方式的基础上，形成有充分竞争能力的价格目录。

5. 加强采购质量管理

应重视采购各个环节的质量管理，通过系统建设，将质量管理贯穿在采购的不同环节中。

在采购交易环节，对产品标准管理予以强化，尽快建立完善、统一的采购物资标准库。

在合同执行环节，企业应加强对重要物料的入场监造、抽检等管理工作，明确入场监造物资范围，并严格规范抽检规则和抽检比例。

在供应商管理环节，企业应加强质量认证，强化对供应商的质量管理。

在物料实际投入使用后，企业需加强产品质量信息反馈工作，形成以质量抽检与质量反馈双管齐下的管控模式。

此外，企业应在平时积极建立明确的供应商质量管理流程，确保质量标准库的覆盖力度，强调对质量数据的收集、监控、分析与综合利用，为质量管理提供有力支撑。

6. 加强寻源管理

理解战略寻源的重要性，形成科学、统一的品类管理策略。加大主动寻找采购源头的力度，主动梳理物料内部需求、外部市场的全价值分析结果。根据不同物料的属性，采取多样化的寻源方式，提高寻源效率。

7. 推进绩效管理

企业应根据自身特点，围绕采购过程建立科学、系统、灵活、实用的绩效考评体系，让绩效指标能切实反映采购水平，发挥驱动作用。同时，应重视绩效考评的反馈结果，将具体的评价结果用于后续采购工作的改进与提升。

针对采购工作，应建立适当的奖惩机制，充分利用绩效考评结果促进采购人员整体业务能力的提升。

4.1.3 基于成本的精益采购策略与方法

精益采购策略与方法的使用，需要企业密切洞察市场变化，制定对应方针，从降低成本着手，不断扩大利润源。企业只有在采购流程上不断深入精细化、提高应变能力、规划好和用好每一分钱，才能确保供应链的优势，使企业在市场竞争中立于不败之地。

目前，许多企业在采购方面的策略较为单一、方法较为死板。尤其缺乏科学的品类策略制定规范，缺乏对供应市场尤其是成本价格的分析研究，导致无法科学地制定采购策略，从而影响精益供应链的运行效率。

企业想要从 OTEP 模型出发，全面推行基于成本的精益采购策略及方法，应注重以下重点步骤。

1. 制定科学合理的品类管理策略

制定科学合理的品类管理策略至为关键。企业应引入行业领先企业通用的品类规划分析方法，并基于科学的划分原则，制定适合本企业采购的品类和供应商管理策略。

在此特别需要指出的是，很多企业采用"金额""材料"等熟悉的概念来对品类管理策略进行划分，其实这样并不利于采购方案的管控，建议企业从对采购与供应链熟悉的角度进行划分，例如以采购风险、采购金额与物料价值 3 个维度构建的坐标进行划分，更有利于采购方案的管控。

2. 差异化采购策略

精益化供应链管理最忌"一刀切"的管理方案，这样"眉毛胡子一把抓"不但节约不了成本，而且会造成采购策略管理出现混乱。

正确的管理方案是根据不同物料的不同特点，采取差异化采购策略。例如将物料分为战略物料、杠杆物料、瓶颈物料和一般物料 4 种。对一般物料采用公开招标的采购方式，对杠杆物料和瓶颈物料采用邀请招标的采购方式，对战略物料采用战略采购协议的采购方式。

3. 加强品类管理

针对不同品类制定不同的管理策略，包括供应商管理策略、订单策略、跟催和库存储备策略。同时积极进行市场与各品类市场的成本价格分析，根据不同物料品类，进行内部需求分析、外部市场分析、价格和总拥有成本分析，形成全面分析模板和分析报告。

4. 加强采购支出分析

要想掌握成本控制就需对支出分析做定期总结，企业应积极分析研究近年来在各个品类物料上的采购支出和支出构成，从而科学合理地制定各级别的集中采购目录。

5. 大力推进战略采购

利用战略采购，能实现采购全生命周期的成本最低。所谓战略采购，是指采购对企业正常生产运营具有重要决定性作用或大量需求稳定的核心物资。战略采购通常采购金额大、批量大、技术复杂、制造周期长、服务依赖性强。企业想要加快战略采购节奏，就要积极应用科学合理的战略采购方法，对企业需求和供应市场进行深入分析，不断优化企业战略采购物资指导目录。同时，还要运用科学合理的战略供应商选择方法，不断完善选择标准，优选战略供应商，签订具有执行性的合作协议。

4.1.4　精益采购与供应链管理的关系

根据调查研究结果显示，在大多数企业内，采购费用约占销售收入的40% ~ 60%，可见采购成本在企业供应链成本中占有很大比重。降低采购成本是降低供应链成本的重要内容。正因如此，对供应链的精益化管理，应以采购为切入点进行展开。

企业应通过对采购行为的规范管理，实施科学决策、有效控制，以成本为核心，以质量、价格、技术和服务为依据，按照客户需求采购所需的物资，付出所需成本，并杜绝采购过程中可能出现的一切浪费。

在成本管理基础上实行精益采购，能促进企业采购体系的建立健全、确保采购工作规范化和制度化、形成透明的采购决策机制，以便实行必要的招标采购，从而使隐蔽的信息公开化，避免暗箱操作。这样，就能在确保质量的前提下，使采购成本降到最低。

精益采购坚持公正公开的原则，由企业选择优秀供应商，采取定向采购。在这种方式下，企业根据生产或服务实际所需要的物料，结合质量、技术、服务和价格等多方面竞争优势，选择最佳供应商，形成长期互惠互利的合作伙伴关系，从而确保供应链的长期稳定与低成本。

精益采购运营过程中，企业与供应商签订协议，确保在需要的时候获得需要的数量和品种的物料。这样，企业就能全面开展实时采购，缩短提前期并减少库存。通过精益采购，企业可以使采购的每个环节和过程的成本有效降低，实现整条供应链都能获得精益化控制的目标，充分体现了以成本为核心的精益管理思想。

反过来看，企业打造精益供应链管理，也能为精益采购带来提升的契机和实际的裨益。当企业构建出精益化供应链时，精益化管理会随之渗透到企业供应过程的各个环节中，并能提升采购环节的工作效率。

例如，很多具有一定规模的企业的采购量较大，如企业实施供应链精益化管理之后，未对采购模式进行积极改变，依然遵循传统模式，则不仅无法切实降低成本，还会导致不良现象发生，可能会破坏供应链革新成果。因此，企业在精益化供应链所塑造的大环境下，可以进一步挖掘精益采购的优势，通过对各类供应商的系统评估，建立伙伴型的采购关系，以便充分提升采购工作的灵活性，实施优质采购，并"反哺"精益供应链的实现与推进。

4.2　以成本为中心的采购成本控制

我们知道，采购成本在供应链成本中占比较大，管控采购成本是实现精益供应链的重要保证。当然控制采购成本只有在实际操作中确保成本因素在控制体系的核心位置，才能使采购在精益供应链的形成过程中发挥重要价值。

4.2.1　采购成本管理的价值和意义

采购成本管理的目标是获取最优采购价格，最终获得最低的交易采购总成本，这也是企业提升竞争力的重要手段，同样也是给客户提供高性价比产品的必要途径。通过采购成本管理，可以力争达到最低采购价格，从而最大限度降低企业采购成本。

由于采购成本占据企业运营总成本较大比重，采购成本的变化对利润的影响则非常明显。因此，控制采购成本理应成为企业降低成本、实现精益的主要办法。尤其是在市场竞争日益激烈的情况下，企业面临产品销售价格不断下降的压力，一味通过提升销量来保证利润增加，已经变得愈发困难。在这种情况下，加强采购成本控制成为企业增加利润的重要来源。

1. 对成本和供应链的影响力

采购成本主要指所采购物料的价值与采购费用的总和，即企业在采购物料过程中所产生的各种耗费，包括采购订单费用、采购计划制订人员的管理费用、采购人员的管理费用、由采购方承担的运输费用、入库前的挑选整理费用、保管费用、定额范围内的途中损耗费用等。

在市场全球化大趋势下，企业与供应商之间的联系愈发紧密。与此同时，采购也成为降低供应链成本的主要环节，对采购环节进行控制所获得的提升供应链精益水平的效果，也远远大于企业在其他方面所采取的措施的效果。

2. 对利润的贡献

一直以来，采购环节始终被看作成本中心，理由是采购环节不断购买原材料，花费企业资金。然而，打造精益供应链，要求改变这样的看法，需将采购部门也看成企业的利润中心。

在实践中，许多企业发现，采购环节本身就是重要的利润来源。加强采购成本管理，能有效降低企业库存、避免潜在的断料风险；通过对供应商网络的优化，充分利用供应商资源而降低原材料成本，能有效减少企业的采购成本，从而降低产品总成本。这样，企业就在销售价格相同的情况下，有效扩大了利润空间。

4.2.2 采购过程中的成本控制管理

采购成本控制管理贯穿于采购全过程，对其中每个环节，都应运用各种策略，以使采购总费用最低。从企业整体来看，采购过程的成本控制管理水平的高低，不仅关系采购部门的工作业绩，同样还牵涉到企业其他部门乃至整条供应链是否能达到成本最低，进而会决定企业是否能实现精益管理。

1. 采购决策过程的成本控制

在采购决策过程中，企业领导者应着重分析确定采购物料的数量、形式是否合适，采购活动是否达到了总成本最低的目标。

（1）物料数量的控制。企业的经营离不开原材料、零部件的购入，这些产品的采购量应保证和生产经营规模相平衡。同时，由于订货量与储存量存在不同情况，应科学确定最经济的采购数量。

（2）采购形式的控制。对于企业所需的物料或零部件，如存在既可以购买又能自行制造的情况，企业就应从经济效益出发，根据企业生产能力与生产成本，选择是从外购买成品，还是自行制造。

对采购决策过程进行上述分析，能确保采购决策更为合理，使采购总成本达到最低。

2. 采购实施过程的成本控制

（1）适当的采购方式。采购方式包括集中采购、分散采购、招标采购、非招标采购、JIT采购等。不同的采购方式对降低采购成本有着不同的贡献。

（2）制定适当的底价。底价是企业在采购时能接受的最高支付价格。制定底价需确定采购规格、调查收集信息、分析信息估计价格，最终得出科学、合理的结果。

①确定采购规格。确定采购规格需确定物料品质、数量，另外也会影响交货日期和价格的确定。对于常用物料，通常有统一价格，可以直接确定。对于非常用物料和尚未统一价格的物料，企业可以参考有关标准自行设计价格。对于事先无法说明的物料，企业可提供样品进行确定。

②调查收集信息。对于普通物料，企业可通过网络、协会、市场、期刊、知名企业等多渠道收集价格方面的信息。对于专业性质强、技术含量高的物料，企业应聘请专业人员进行评估。

③分析信息估计价格。企业应将调查所获得的价格资料进行整理分析，并形成调查报告。在此基础上，正式估计出所采购物料的价格。

（3）正确进行询价。采购部门应正确询价，正确询价需要做的工作包括编制询价文件、确定被询价对象、发布询价通告等。其中，询价文件是向供应商报价的依据，包括询价项目的品名和编号、询价项目的数量、询价项目的规格要求、询价项目的品质要求、询价项目的交货期要求、货物运送地点与方式、询价项目的售后服务与保证期限要求等。

在询价之前，采购部门应根据采购需求制定被询价供应商的资质审查条件，并对供应商的供货品种、信誉、售后服务网点等进行资质审查。随后，根据资质审查条件标准，公平地确定被询价供应商名单。根据名单，选择一定渠道与供应商联络，发出询价通告，为后面一系列报价、议价奠定基础。

（4）正确处理报价。采购部门在获得供应商的报价单之后，就需对其进行处理，通常包括以下 3 个步骤。

①审查报价单。采购部门在收到供应商的报价单后，需对其所提供的产品质量、数量、价格、交货方式和交货时间等进行审查。

②分析评估报价单。采购部门收到报价单后，需对各个供应商的价格、交货期、付款条件、交货地点等进行对比分析，以便选择合适的供应商。

③确定供应商。采购部门完成分析评价工作之后，应形成评价报告，初步确定供应商，并将结果通报给所有参与报价的供应商。随后，对供应商报

价单进行审查与分析，并和企业自身制定的底价进行比较，最终筛选并确定所选供应商。

（5）成功议价。采购过程中，议价是企业与供应商共同关注且是解决分歧的重要机会。通过议价，才能消除双方分歧，使双方最终达成一致。

为保证议价成功，通常应培训采购人员掌握以下技巧。

①具备充足的信心与耐心，有足够的谈判诚意。

②树立良好的第一印象，营造和谐合作的气氛。

③准确有效表达需求，并了解对方的关键利益点。

④懂得以成本为中心，而不是完全以价格为中心。

降低采购成本可以通过价格分析与成本分析的方法进行，这里只呈现了降低成本的思路，更多的方法请关注笔者的另外一本书《采购与供应链管理》（柳荣著，人民邮电出版社），书中有 11 种价格分析的方法与 30 种降低成本的方法。这里就不再赘述了。

第5章

精益供应商管理

供应商管理，泛指在精益供应链构建过程中，企业应积极建立上游管理与运营机制。狭义指供应商管理中包含了对供应商的信息收集、开发、筛选、评估和淘汰等一系列综合性管理工作，以期建立稳定、可靠的供应商队伍，为企业乃至整条供应链的低成本运营提供可靠的保障。

5.1 如何进行供应商开发

在精益供应链构建过程中，上游供应商是重要一环，如何有效开发、评估与辅导供应商，使其最大限度地满足自身供应链对精益成本的要求，是一个系统工程，也是 OTEP 模型成功的关键环节。

提到供应商管理，很多不熟悉供应链构建的初涉者认为：供应商管理非常简单，一家不行就换一家，实在不行就多家比价，好的留下，不好的淘汰。

细想会发现这种逻辑有问题：第一，经验数据表明，开发一个供应商的成本是维护一个老供应商成本的 4 ~ 10 倍，企业越大，更换供应商的成本越高，因此这样做不但没有降低成本，反而增加了成本；第二，试想在当下技术与工艺条件的限制下，能与企业合作的供应商其实并不太多，各供应商的工艺、质量、交付方式、价格其实各有千秋、各有利弊，难道企业要将其全部淘汰？从精益供应链管理逻辑来看显然不是这样的。

企业应在前期开发时评估双方的战略，在双方战略匹配的情况下，对于合作过程中某些方面不符合企业的目标时，双方应共同协作进行改善，以满足企业的竞争目标。

因此，在精益的供应商管理过程中，需要系统思考供应商开发与管理的方案。

供应商管理是企业竞争战略和采购战略的核心，在对供应商进行有效管理的过程中，企业能与供应商建立资源、能力的互补关系，从而推动供需双方共同进步、实现双赢。

同时，对于供应商管理，实践告诉我们"选择大于管理"，即重视选择。一旦供应商选择出错，对企业而言损失非常大，尤其是当供应商的转换成本较高时更是如此。

5.1.1　供应商开发策略

供应商开发，就是要从无到有地寻找新的供应商，并由此建立起符合企业需求的供应商队伍，形成低成本"供应池"。供应商开发是供应商全面管理的核心，直接关系着供应商全面管理的最终成败。

很多企业与供应商签订的并非单次采购合同，而是根据生产计划制定的中长期合作合同。此时，企业如果在合作之后才发现供应商在某些方面并不符合自身需求，例如生产能力、供应能力或合作态度等，那么供应商管理将会因为成本增加而变得十分困难。在生产计划当中，突然更换供应商也会影响精益计划的有序推进。

因此，在讨论如何有效进行供应商管理之前，企业首先要学会如何选择合适的供应商。

在实际调研中，即便不考虑供应商选择是否与企业精益采购战略相匹配，很多企业的供应商开发程序也存在战略漏洞。

某企业的供应商开发程序如下。

（1）寻找潜在供应商。通过展会、互联网、专业杂志、同行介绍等各种方法来寻找新的供应商。

（2）收集材料。收集供应商的资质材料，包括营业执照、生产许可证等证件，并根据供应商调查表，完成供应商初步信息的收集，形成电子文档。

（3）收集样板。完成对供应商的初步调查之后，了解供应商的常规产品和专长，并向其索取实物样板，对其进行物料检测和外观检测。

（4）现场考察。在初步评估合格后，需进行现场考察，现场考察必须由多个部门配合进行，包括质监部门、采购部门、财务部门和技术部门等。根据现场考察结果，编写考察记录表，并以此作为供应商开发的依据。

（5）签订合同。对供应商评估合格后，则可与其签订采购合同，并交由财务部门审批。

上述供应商开发流程看似完整，但仔细看来却存在诸多漏洞，这些漏洞也普遍存在于诸多企业的供应商开发管理过程中。为弥补这些漏洞，企业应善于运用以下技巧。

1. 供应商筛选标准要明确

面对数量众多的供应商，企业要想提高供应商开发效率，就必须事先制定明确的供应商筛选标准，而不是看对方是否能提供某产品。筛选标准包括初选标准和详细标准，除了关注一般的供应商评估要点之外，对实施精益供应链的供应商，企业也要关注其成本情况与持续改善的意愿与能力。只有如此，采购人员才能在搜索潜在供应商时据此快速定位目标供应商，有效降低开发和管理成本。

2. 供应商评审标准要量化

没有量化就没有管理。

在对潜在供应商的资质进行评审时，企业需制定完整的量化标准，以确保供应商的可靠性，从而确保后期合作的有序开展。

例如在样板测试中，企业需对各测试要素进行量化，如质量、外观、颜色等。当样板通过测试时，企业也可提出个性化要求，要求供应商重新打样，以验证供应商的生产能力。

3. 供应商管理要分级进行

实施管理差异化是提高管理效率的重要途径。

不同的供应商，其承担的供应责任也有所不同，相应的评估标准和绩效管理自然也存在区别。在供应商开发中，企业要建立供应商分级管理机制，将供应商纳入企业的供应商库，并制定合适的绩效管理方案。这样，在团队深入认识后，合作便能正式开展。

4. 建立供应商开发制度

完善的供应商开发程序能有效实现供应商选择的合规性，确保供应商资质符合企业需求，并最终确保符合 OTEP 模型所提出的低成本精益要求。因此，企业应尝试建立完善的供应商开发制度。

图 5.1-1 所示为比较完整的供应商开发制度。

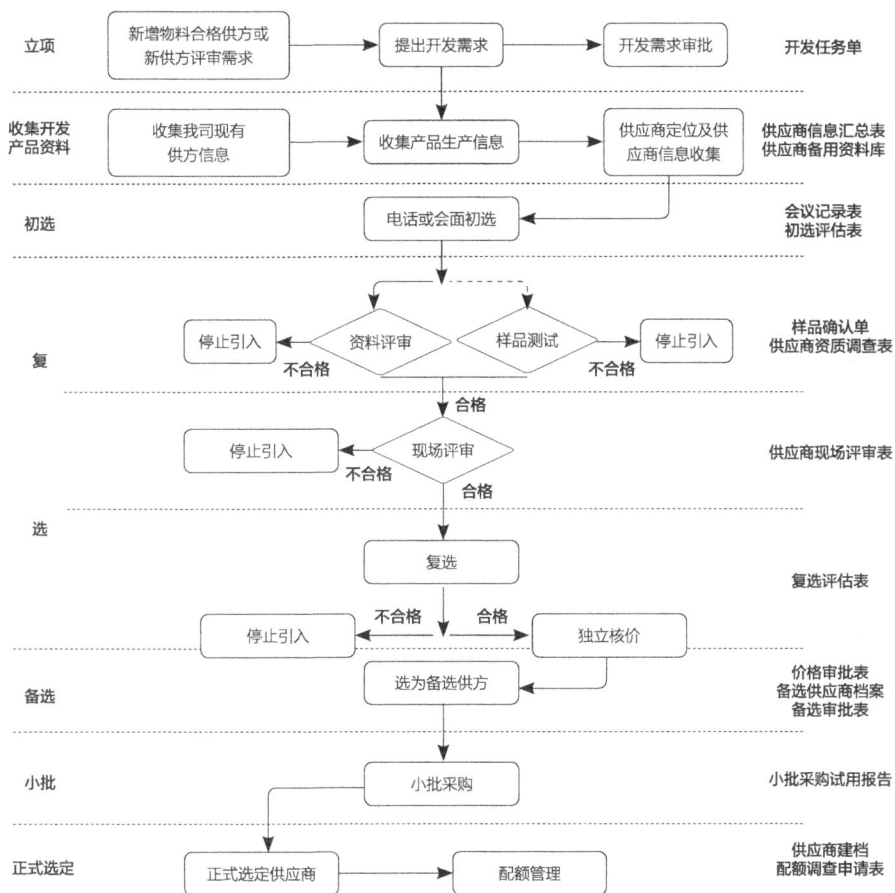

图 5.1-1　供应商开发制度

确定供应商开发制度后，企业可着手收集供应商信息。其中常见的信息来源渠道，主要分为公开渠道和关系渠道。

（1）公开渠道，如杂志、网站等，企业可以直接搜索供应商的信息，并与其建立联系。

（2）关系渠道，如内部推荐、同行介绍等，可以为企业带来更多供应商信息。

5.1.2 供应商信息管理

供应商信息管理是指企业以有效建立和管理供应商伙伴关系为导向，对供应商整个生命周期中的重要信息所进行的维护工作。

企业通过信息管理，做好供应商档案管理、供应商开发与选择和供应商绩效评价等相关工作，实现对供应商的全面管理。同时，通过将信息维护同采购管理、质量与沟通管理的集成，形成供应链的一体化解决方案。

在运用传统的简单表格式管理方法对供应商信息进行维护的过程中，会涉及对信息的大量查询和增删，这些作业活动必然会消耗大量的人力、时间与金钱。采用先进的供应商信息管理系统，能减少这些成本支出，方便对供应商进行比较和选择，并制定对应的策略，降低管理成本。

基于上述目的而形成的供应商信息管理系统，包括供应商档案管理、供应商资质申请表管理、样品试制申请表管理、供应商综合评估方案管理、供应商评分表管理、询报价信息管理、品质异常报告管理、采购订单变更通知单管理、采购对账单管理等业务。通过对这些领域的管理，企业能全面掌控供应商的信息，从而建立和维护与供应商的伙伴关系。同时，这一维护系统应既能独立执行对供应商信息的管理，也能和供应链其他子系统进行结合运用，以提供更为完整的业务流程管理。

在设计和调整供应商信息管理系统的过程中，企业应注意以下几点。

1. 业务流程的灵活性

在对供应商信息进行维护时，企业需确保供应商信息管理系统流程的灵活性，以满足实际操作中丰富的业务需求。这集中体现为信息管理系统应能不断完善供应商档案资料，能随时增删、查询不同的供应商信息。系统应具有灵活的供应商状态控制能力，以不同级别的授权方式，使系统应用者在不同地点和时间完成业务操作。最终，通过对供应商评估控制进行优化，形成完善而具有特色的评估体系，采购人员在此基础上，就采购情况进行具体的选择和判断。

2. 严密的认证控制

对供应商的有效认证，是维护供应商信息的重要工作，也是建立企业供应链准入制度的良好基础。供应商信息管理系统需一开始就提供多维度的评判标准，包括待选供应商的合法合规信息、企业规模信息、人力资源状况信息、品牌商誉信息、商品特色与适销性、价格优势、可获得性和运输距离等。符合条件的，经过采购人员推荐和负责人审批通过，即可成为企业合格的供应商。

在实际合作过程中，供应商信息管理系统应定期或动态地对现有供应商进行绩效评估。按照全面、科学、稳定、可比的供应商综合评价体系，对合作中的供应商进行评估，合理确定供应商的级别，采取不同激励措施对供应商合作关系进行改善或调整。相关的激励措施既要有订单激励、价格激励、信息激励等正面的激励措施，也要有降级、淘汰出局等负面的激励措施，这样才能将供应商信息管理的作用发挥到最大，建立完善的供应商进出机制。

3. 全面覆盖供应过程

供应商作为企业供应链中的重要资源，在一段时间的合作后必然会产生丰富的信息资料。这些资料包括供应商的基本资料，也有业务交易产生的资料。按照供应链管理流程的要求，企业应及时存档或建立电子文档，以保证对供应商状况的追踪。这一追踪需对从接触供应商到其退出供应的整个过程所产生的文档资料进行管理，包括供应商资质申请表、资料卡、供应商考核表、询价记录、采购记录、到货检验报告、终止合作报告以及其他往来单据。

4. 形成特定维护模式

不同行业的企业在管理上会具有不同的行业特色，企业自身在长期发展中也会形成特定的管理模式。在对供应商信息进行维护时，应对这些个性化的管理做法进行规范，使之符合标准的供应链业务管理流程，并产生企业独有的竞争力。

例如，加强对供应商主要数据的自定义、单据自定义、报表自定义等多方向的个性化管理，让企业在标准管理流程的基础上进行有效定制，以满足个性化需求。

5.1.3　开发供应商面对的 9 个问题及解决方法

在开发供应商的过程中，企业会碰到多种问题或障碍。我们要有足够的意识预防可能存在的风险，在精益供应链管理中，问题即成本。对供应商开发问题的分析和解决，必须从供应商开发的参与者、过程、利益等可能涉及的各方面进行。

1. 面对的问题

开发供应商主要可能遇到的问题，包括以下方面。

（1）供应商自身。不可否认，在现有市场环境下，部分供应商为获取利益，采用隐藏、修改公司信息，虚报产品信息，改动价格信息等手段，或者故意隐藏产品或公司的缺陷，使供应链上的其他企业对其产生错误判断。这种供应商自身问题所导致的信息不对称，会严重影响企业的判断，造成采购过程中供应商选择的混乱，包括渠道错误、价格不合理、产品不合格等。

（2）客户方面。市场和客户的需求是不断变化的，但企业开发供应商有必要的时间限制。如开发时间过长，采购人员原定的目标就可能发生变动。此时，采购企业若坚持原定目标，所开发的供应商就难以满足新的需求；采购企业若选择重新开始开发供应商，就不得不面对开发成本的损失。

（3）竞争者方面。在某些产品领域，采购市场买方的竞争较为激烈，由此产生的竞争压力，可能会对采购企业供应商的开发带来一定的负面影响。

（4）采购企业方面。采购企业本身的问题可能造成供应商开发的障碍。例如供应链管理部门未作为一个独立的部门，抑或未能得到足够的重视，或者采购团队无应有的决策权，都会严重影响供应商的开发。

（5）所处环境方面。开发供应商的问题还可能来自所处环境，包括经济市场环境、法律环境、文化环境等。在某些情况下，环境方面的问题甚至可能成为开发供应商的主要障碍。例如，对于品牌名声好的大型跨国企业而言，供应商必须拥有良好的商誉，一旦由于环境的变化，供应商遭遇类似于法律、道德等方面的危机，开发进程就必然受到影响乃至终止。

（6）技术方面。产品的整体质量永远是重要因素。要确保产品的整体质量，除了要有合理的设计与工艺之外，零部件产品能否满足技术要求至关重要。供应链核心企业需从源头上了解供应商是否真正能生产出满足产品质量技术要求的零部件产品。正是在此过程中，对供应商的开发容易出现问题。

有些企业在开发供应商的过程中，只是向备选的企业传达技术要求，并不与其进行实际技术层面的沟通。企业在并不清楚供应商是否真正理解技术要求的前提下，就选定"合格"的供应商。结果，供应商对生产客户需求的产品所需的技术水准的理解产生偏差，在后期供应链合作中就会出现各种困难和问题。例如，供应商生产出的样品无法满足质量技术要求，并受限于供应商的研发能力、设备水准或工艺水平而难以改进，企业只能采取变更设计或让步接收的方法勉强接受，从而给产品质量埋下隐患。

（7）供应商生产能力方面。生产能力是企业加工与交付能力的重要体现。企业的生产能力需与市场需求相适应。当市场需求旺盛时，供应商的生产能力应相应增加，从而满足需求的增长；在市场需求降低时，供应商应能及时缩小规模，避免供应过剩造成整条供应链上的损失。总之，对生产能力及时调配，是保持持续稳定供应的基础。

在实践中，有些企业并未关注供应商的产能管理能力，或者未正确评估供应商的产能。一些企业仅仅关注供应商的总产能、已用产能所占比例、剩余产能所占比例，随后通过总产能和剩余产能所占比例直接判断供应商在产能方面的风险。

然而，这些企业并未理解产能背后的变化因素有很多，诸如供应商可能通过建设新厂、扩建旧厂、购置安装大型成套设备、进行技术改造等方法增加产能。也可以通过采用新工艺装置、添置能随时购买的通用设备、对设备进行小规模改造或革新、增加工厂甚至将某些生产任务委托给其他工厂生产来增加产能。甚至在短时间内，利用加班加点、临时增加班次、增加工人、采取措施降低废品率、改善原材料质量、改善设备维修管理方式等来增加产能。

无法全面认识供应商对产能的管理能力如何被影响，企业就可能陷入一叶障目的怪圈中，难以准确评估和开发供应商。

（8）供应商财务状况方面。如果企业不注重供应商出现财务危机的可能性，供应商就可能因为财务状况的影响，出现断货或者产品质量不良，导致生产线发生停产情况，造成经济损失。更为严重的是，当供应商陷入财务危机时，可能向企业提出更改价格、要求提前付款、增加付款条件等要求，导致企业的采购成本增加。在对供应商进行开发时，有效评估其财务状况是必需的。

（9）供应商产品未来的质量方面。一些企业在对供应商进行开发的过程中，更多侧重于考查其产品质量的现有表现，而忽略了产品未来的可靠性。

以汽车行业为例，部分汽车企业对供应商的评估集中在现有零部件产品的 PPM 数值（PPM 是厂家对供应商产品质量提出的合格率要求，一个 PPM 就是百万分之一）、产生高 PPM 的原因、质量问题如何解决等方面，却忽略了现有零部件产品未来的可靠性。这种片面的评估会导致未来在客户使用产品的过程中出现现场故障增加、售后服务费用增加、质量成本大幅度上升等情形，甚至会导致召回等问题的发生。

2. 解决方法

面对上述问题，供应链核心企业需采取以下措施。

（1）多重渠道。避免通过过于单一的渠道了解供应商信息，应尽可能通过不同渠道了解供应商信息，掌握行业中目标供应商的产品状况和技术水平，防止供应商出现造假、欺骗行为。

（2）风险防范。积极制定风险防范预案。提高对市场变化感知的敏锐性，对产品信息进行充分、全面的了解，在此基础上具备预见能力，有效增加备选的采购方案，防止突发事件发生。

（3）内部沟通。增加企业内部沟通。采购团队、供应链管理部门和企业其他部门之间（主要是市场部门和财务部门）应充分沟通协调，在提升企业整体利益的前提下，科学确定采购预算和目标，减少不必要的损失。

（4）对外沟通。注重对外沟通，在对供应商报价的过程中，企业要将零部件产品的详细技术要求准确传达给供应商，并提示供应商哪些部分是关键特性，要求供应商在对技术进行仔细研究后，根据其现有研发和生产能力，及时对相关问题和建议进行反馈。

为此，企业对供应商进行评估时，要有产品和设计工程师的参与，以充分了解供应商的产品设计和开发能力、原材料质量、设备和工艺开发能力等，从而充分判断供应商的技术与生产水准。

此外，在确定合格的供应商之前，企业应与供应商进行有效的技术沟通，对其任何有关技术的要点问题都加以解答，确保供应商能真正全面理解技术要求，并基于其目前的生产能力判断其是否能在未来生产出满足技术要求的零部件产品。

（5）信息全面。充分收集、了解相关信息。企业应充分调查、了解外部信息，随时掌控和了解时事新闻、经济变化、社会环境变化、法规政策。保证一旦有突发情况能迅速反应，并调整供应商开发和管理策略，保证企业的声誉与利益，确保供应链稳定运行。

（6）增加考核。增加对潜在供应商评估中关于产品可靠性的考核，考核内容包括供应商是否有能力对其产品的可靠性进行规划、设计、试验、分析、评审和管理；供应商是否有用户服务体系与产品信息反馈体系；供应商是否将产品现场故障发生率、售后服务成本等进行记录并计入质量成本；对于现场故障供应商是否及时反馈并处理等。

（7）评估产能。评估产能管理水平。评估考察的内容包括供应商是否对市场需求建立了短、中、长期的预测系统，并根据系统反馈的预测结果合理安排生产计划；供应商是否建立了对产能的监督系统；当市场需求产生波动时，供应商能采取怎样的措施对产能进行主动调节以适应变化；供应商的产能监督系统是否包含了对二级供应商的产能监督等。

（8）评估财务状况。对供应商的财务状况进行评估，应注意制定适合本企业需求的财务评估表，从中充分体现供应链核心位置企业对供应商财务状况的关注，要求供应商将财务数据如实填入评估表中，以便对供应商的财务状况做出评价。

总之，上述措施有利于企业将供应商管理中可能存在的问题梳理一遍。具体的措施与方案可以结合企业的实际需要归类分析，最终拿出具有针对性的解决方案。在精益管理中，应将所有的问题从源头就进行预防与处理，这样企业付出的代价可控且最低。

5.1.4　如何搜索潜在供应商

有标准，才有方向；有要求，才有方案。供应商的开发搜索亦是如此。

企业需要建立目标供应商标准，这是所有供应商开发与筛选的前提。在精益供应链管理实践中，供应商标准要求总体体现为 16 个字：战略匹配、成本能力、服务意识、持续改善。

简单来说，一个以成本为关注点的企业与一个以速度为关注点的企业合作，一定是"三观不合"，无法实现"战略匹配"，就算合作也会渐行渐远；"成本能力"是精益供应链的根本，当然需要指出的是，关注成本不是忽略质量，在精益管理中，质量是基础；"服务意识"在供应链上尤为重要，价值链上的企业都是相互合作、相互服务，最大限度地提升供应链的竞争力；"持续改善"意味着在精益化道路上精益求精，拥有持续优化的意识与能力。

企业经过对市场的仔细分析，通过各种公开信息和渠道获得潜在供应商的联系方式，获取能提供更低成本的合作伙伴，实现以成本为核心竞争力的精益供应链。这些搜索渠道包括现有资料、公开招标、同行介绍、专业刊物和广告、协会或专业咨询公司、产品展示会、搜索引擎、行业网站等。

1. 现有资料

管理上较为完善的企业会建立合格供应商的档案库。采购团队可以就现有的供应商进行甄选，分析和了解它们是否符合企业现有的要求，包括适当的产品品质、交期、价格和服务等。

2. 公开招标

政府和公共事业机构偏好以公开招标的方式来寻找供应商，以确保符合资格的企业均能获得参与投标的机会。虽然目前市场上的企业通常较少采用这种方式寻找供应商，但企业也还是可以考虑这种方式。

3. 同行介绍

虽然同行存在竞争，但同行的采购团队之间往往能形成合作。这是因为同行的采购团队能进行联合采购或者互通有无，避免成本浪费。企业的采购负责团队如能充分利用人际关系，就能通过与同行采购团队交换信息而获得潜在供应商的参考名单。

4. 专业刊物

企业采购团队能从各种专业性的报刊上搜集、了解产品的潜在供应商名单。也可以从电话黄页、工商名录、采购指南等分类信息广告中获得潜在供应商的基本资料。

5. 协会或专业咨询公司

采购人员可以与拟采购产品的同业协会进行联系和洽谈，从协会领导那里得到会员企业的名录。此外，也可通过联系专业的咨询公司来获得供应商的联系方式。

6. 产品展示会

企业采购人员通过参加行业上下游的产品展示会，直接获取最合适的供应商资料，或者与供应商当面洽谈。

7. 搜索引擎

运用百度、搜狗等搜索引擎，根据地区筛选潜在供应商的地理位置、企业规模、运营情况、产品结构，从而选择合适的供应商，并进行电话或邮件联系。此外，采购团队也可以利用"贸易通""阿里巴巴"等专业电商网站进行采购。

8. 行业网站

各个行业都有大量的专业网站，其能提供充分的采购信息。采购人员可根据自身从事的行业，搜索与供应链相关的行业，从网站中获取信息并得到专业帮助。

通过搜索并分析信息，评价供应商的工艺能力、生产供应的稳定性、资源的可靠性以及综合竞争能力，从中剔除明显不适合的对象，就能得到潜在供应商的名单。

5.2　供应商评估策略

对企业而言，供应商供应的产品品种越多，就越可能导致企业难以对供应商进行有效分类，进而缺乏对供应商的评估与管理。如某个供应商提供 3 种物料，即产品 A、B、C，其中 A 产品很优秀而 C 产品很糟糕，如果仅仅凭

A 产品就将供应商列为优秀供应商，这说明企业缺乏对重要供应商概念的理解，进而会影响其他产品的交付。更何况精益供应链企业必须懂得如何以成本为中心面向供应商进行评估。

5.2.1 如何评估潜在供应商

潜在供应商是指拥有向采购企业提供符合其特定技术规格要求的产品、物料、工程和服务能力的供应商。在精益供应链中，选择合适的供应商是保证供应链正常运转的重要基础。

评估潜在供应商，最重要的是遵循"战略匹配，绩效支撑"的原则，即供应商能最大限度地匹配企业竞争战略的要求，同时在供应过程中有良好的绩效支撑表现。我们知道，精益最大的核心是基于成本的竞争力，无论是当前还是未来，都应保持可持续的潜能与态度。

评估潜在供应商时，精益供应链对潜在供应商的评价除了战略支撑之外，主要集中在技术水平、生产条件与售后服务、财务状况、管理能力等条件的评价上，利用这些结果，最终突出对成本的评价。

主要评估以下方面。

1. 技术水平

这个指标一方面能够评估供应商的技术能力，另一方面也是成本持续优化能力的表现，因为一个产品 80% 左右的成本取决于研发。同时，该指标能反映出潜在供应商是否能提供质量达到要求的物料产品（因为质量与技术水平有关）。物料的质量又取决于技术水平、原材料质量和设备能力。企业需充分调研潜在供应商的技术水平，以确保产品质量。

采购方可以围绕潜在供应商的技术水平进行案头调研或实地访问。其中，案头调研的收集工作可以利用供应商信息收集表进行。表 5.2-1 所示为常用的供应商信息收集表。

表 5.2-1　供应商信息收集表

供应商名称						
概况	法人代表			注册资本		
	地址			邮编		
	企业性质			税号		
	开户银行			账号		
	业务联系人			手机		
	电话、传真			邮箱		
	主管副总			电话		
	成立年份			网址		
企业规模	固定资产（万元）	上年销售额（万元）	厂房面积（平方米）	员工人数	技术工程师人数	质量工程师人数
管理体系认证证书等企业资质（另附复印件）						
主营产品	产品种类		规格型号	年产量	交货周期	
主要客户、业绩	客户			业绩概述		

续表

原材料信息	主要原料名称			供应厂家	

主要生产设备	生产设备名称、型号	产能	数量	品牌	使用年限

主要检测设备	检测设备名称、型号	精度	数量	品牌	使用年限

生产工艺流程（可附页说明）	

计划提供产品清单	品名规格	保障供应数量	交货周期

其他特别说明	

填表人员姓名		电话	
职务		日期	

实地访问需派遣人员到潜在供应商的工厂、生产部门进行实际的观察与访问。这种方式虽然成本较高，但能获得更为真实可靠的第一手资料。哪怕是一次性的设备采购，这种调查也是非常有必要的。

2. 生产条件与售后服务

为满足企业采购的要求，供应商需具备与需求方的需求相匹配的生产制造设备。因此，在评价潜在供应商的生产和制造条件时，应着重评价其技术水平使用的方法和技巧。不论采用何种评价方法，都要保证全面和系统地进行评价。在评价生产条件时企业应重点关注供应商的 5 个方面。

（1）生产人员与设备。

（2）工艺与能力瓶颈。

（3）二级供应商能力。

（4）质量管理能力。

（5）成本改善与现场管理能力。

随着生产复杂化和物料产品科技含量的提高，很多配件、设备投入使用之后，依然需要供应商提供完整的售后服务。因此，售后服务系统也成为企业评价潜在供应商的重要方面。

3. 财务状况

财务力量不足，会导致供应商在安排生产和交货方面出现潜在困难。因此，企业需加强对潜在供应商资信方面的审查。例如，从每年公布的年度报告中了解供应商的财务情况，并分析它们的债务清偿能力、资金周转率和利润收益。

4. 管理能力

管理能力的强弱是评判企业经营是否成功的重要标准。企业可以通过对潜在供应商长期营业额和利润记录的分析，了解它们的管理系统与管理方式，或者通过观察现有人员的管理水平，判断供应商的管理能力。管理能力的评估角度不一样，在管理方面的逻辑也有差异，对于供应商的管理能力应主要关注以下方面。

（1）企业决策人与管理团队的素质。

（2）人力资源管理与企业文化。

（3）对突发异常情况处理的能力。

5.2.2 供应商认证措施

在精益供应链的推行中，我们希望所有供应商能理解并充分执行供应链战略。企业通常通过对供应商进行"认证"、取名（如钻石供应商、金牌供应商）等，来全方位评估与肯定供应商，以求相互合作的最大价值。

供应商认证是指根据一组特定标准对供应商进行评估，并给其中符合条件的供应商授予某种身份与特权的过程。

进行供应商认证能持续改进供应商的绩效、增强供应商的可靠性、降低风险，并为供应商带来更大的激励，促使其整体绩效得到系统化改进。供应商认证可以给企业与客户带来一系列好处，包括产品整体成本的降低、生产率的提高、产品和服务质量的改进等。

通过对供应商的认证，供应链中的管理水准应能达到免检水平，即在不对产品和服务进行质检或抽查的情况下，供应商提供的服务和产品也总能满足客户的要求和绩效期望。因此，达到认证水平通常被认为是供应链中最高水准的绩效水平。

供应商认证一般有 3 种方式：客户方认证、第三方认证、供应商自身认证（对采购商来说相当于免检）。在实践中，有些企业会将上述方式结合起来。例如波音公司对供应商的认证内容包括部分供应商通过网络进行自我评估、波音员工进行的评估、基于信息系统对生产指标的准确判断。此外，有的企业也会考虑诸如 ISO（International Organization for Standardization，国际标准化组织）等授权机构的第三方认证。

除此之外，还可以用流程认证取代对产品的认证。一些企业通过对供应商生产工艺的流程进行评估来完成认证工作，而不是对供应商生产的产品进行评估。这是因为它们认为产品的重点在于产品的制造过程，并坚信高质量的产品只会源自健全、良好的生产流程。

对供应商进行认证评估的具体方法有很多种，目前使用最多的方法是加权评分法。加权评分法是指规定衡量供应商的各个重要标准，包括产品质量、价格、服务等，并依据企业的目标设定各项标准的权重，随后根据调研资料对各供应商进行加权评估。在评估完成后，得分高者为通过认证的供应商。对所有通过者要进行适当的分级，并采取不同的交易策略。

企业对供应商进行认证的流程如下。

1. 供应商自我认证

企业在对供应商进行认证之前，应要求供应商先进行自我评估。一般是发函给供应商，让供应商进行自我评估，并将评估结果提供给认证团队作参考。

2. 成立供应商认证团队

在收到供应商自我评估的相关材料后，着手成立供应商认证小组。供应商认证小组应包含不同部门的成员，其中主要包括质量管理、工程、生产等部门的成员。认证小组成立后，应确认对供应商认证所采取的形式和认证的指标体系。

3. 针对认证内容，确定对应的指标评分体系并进行现场调查

对供应商进行认证，要根据不同供应商的特点采取不同的评分体系并进行现场调查。通过现场调查，了解供应商管理机构的设置情况，明晰各个部门之间的分工及协作流程，考察供应商质量控制与管理、生产工艺、客户服务、环境体系等内容。

一般而言，供应商认证的评分体系包括以下主要内容。

（1）供应商的基本情况。供应商的经营环境，包括供应商所在国家和地区的政治、经济与法律环境的稳定性，进出口是否有限制，汇率情况，通货膨胀情况，基础设施建设情况，有无地理限制等；供应商近几年的财务状况，包括各种会计报表、银行报表等；供应商在同行业中的信誉与地位，主要包括同行对供应商产品质量、交货可靠性、交货周期和灵活性、客户服务和支持、成本支出等的各项评价；供应商近几年的销售情况，包括销售量和趋势、人

均销售量、供应商产品的产量占行业的总产量的比例等；供应商现有的合作关系，包括与竞争对手的关系、与其他客户或供应商之间的关系等；供应商的地理位置，包括与企业距离的远近、海关通关难易程度；供应商员工的情况，包括员工的教育程度、流失率、出勤率、工作时间、平均水平、生产工人与员工总数的比例等。

（2）供应商的管理水平。主要认证内容包括企业管理的组织框架、各组织之间的功能分配、各组织之间的协调水平；企业的经营战略及目标设定、产品质量改进措施、技术革新水准、生产率水平、降低成本的主要措施、员工培训及发展情况、质量体系通过 ISO 9000 认证的情况以及企业整体管理战略等。

（3）供应商的质量体系及保证。质量管理机构的设置及功能；质量体系的完整情况，包括质量保证文件的完整性与正确性、质量管理的目标与计划、质量的审核情况、与质量管理相关的培训工作；产品的质量水平，包括产品质量、过程质量、供应商质量、客户投诉情况；质量改进水平，包括与客户的质量协议、与供应商的质量协议、是否参与客户和供应商的质量改进、质量成本控制、是否接受客户对产品质量的审核等。

（4）供应商的设计、工程与工艺。主要包括相关机构的设立与对应职责；工程技术人员受教育情况、工作经验、在相关产品开发领域达到的水平、在产品生产领域的工艺水平；开发和设计产品的试验情况、与客户和供应商共同研发的情况、产品开发周期及程序。

（5）供应商的生产情况。主要包括生产机构设置及职能；设备可靠性、生产工艺改进、设备利用率、工艺灵活性、作业指导、生产能力评估；员工对生产管理的参与程度、生产现场管理情况、生产报表和信息控制能力、外协加工控制情况、生产现场环境与清洁情况等。

（6）供应商的企划和物流管理。主要考察与评估的内容包括相关机构的设立情况；物流管理、物料可追溯性、仓储条件与管理、仓储量等；发货交单的可靠性与灵活性、即时供应能力、包装和运输能力、交货精准程度；供应商的选择与审核、表现考评、分类管理和优化能力等。

（7）供应商的环境管理。包括环境管理机构的设置与职能履行情况；环境管理的文件、体系、方针与计划；环境控制的运作，沟通和培训，应急措施，环境监测能力、环境管理体系的审核。

（8）供应商对市场和客户的支持服务。主要评估内容包括相关机构的设置；正常和紧急交货的周期、交货与付款条件、保险与承诺；合同评审水平、降低价格与成本的态度、联系与服务方式、收单与发货沟通的能力；客户投诉的处理程序、针对投诉的处理与反应时间、客户的满意程度、售后服务机构、客户数量以及伙伴数量等。

此外，对供应商的认证内容，还需企业结合自身情况进行灵活选择与决策。在现场考察的同时，企业也应根据预先设置的评分体系，现场对供应商进行评价并给出对应分值。

4. 汇总评分

进行现场调查之后，企业各个部门应通过现场观察情况，结合供应商的相关文件和之前的市场调查情况、供应商客户调查情况、供应商会谈情况，进行综合评分，计算出供应商在认证中最终获得的总成绩。各部门进行汇总评分之后，组织现场调查部门写出考察报告，并提交给上级部门，将相关资料备案和存档。

5. 认证反馈

对供应商进行认证的最终结果应以文字形式反馈给供应商，以帮助它们明确自身的不足，促使它们及时改进和提高自身能力。

6. 供应商认证追踪

在对供应商进行认证后，要及时进行情况跟踪。这是因为对供应商的认证并不仅仅是审查与评价的过程，也是反馈与跟踪的过程。只有随时监测供应商的执行情况，才能不断督促它们加以改进。

5.2.3　新供应商开发和评核的步骤

新供应商的开发与评核工作，应有计划地进行，并要在规定日程之内开发完成。了解开发新供应商的一般步骤，可以帮助企业管理团队迅速掌握开发和评核新供应商的流程及策略。当然，在精益供应链的供应商评核中，其流程也应该尽量精益化。具体步骤如下。

1. 明确需求

需求包括以下几个方面。

（1）要求何时开发成功。

（2）需何种原材料或物件，其主要功能是什么。

（3）每年、每月的需求量为多少。

（4）要求供应商具备怎样的生产能力和品质水平。

（5）要求供应商具备怎样的规模和企业性质。

在开发和评核新供应商之前，首先应明确上述问题的答案。唯有如此，企业才能真正了解自身需要，并明确何种供应商才能满足自身的要求。

2. 编制开发进度表

新供应商的开发速度关系着企业生产项目的进展速度。因此，对新供应商的开发与评核，应提前设置出尽量周密的进度表。企业最好能按照供应商开发的步骤编制出具体的时间进度表，这样能让开发新供应商的工作具体而明确，并降低计划日期被拖延的可能性。

3. 寻找新供应商的信息资料

明确对新供应商的需求后，就应按照编制好的进度表执行工作。其中，通过各种渠道获得新供应商的资料和信息是第 1 步。通常情况下，可以通过各种方式获得多家供应商的信息，企业可以根据各方面的要求进行初步筛选，并留下其中较满意者直接进行接触。

4. 初步联系

企业应使用适当的方式与供应商取得联系。第1次可以采用电话联系，尽量对供应商的相关业务人员进行清楚的表达，明确联系的目的、自身需求并初步了解供应商的产品。值得注意的是，第1次联系时不应迫不及待地要求供应商报价，这是因为此时对供应商还不了解，得到报价单并无任何实际作用。

电话联系获得初步信息之后，应根据筛选出的供应商名单采取不同行动。企业可以要求距离较近的供应商进行面谈，并要求它们带上企业简介、相关样品，以提高会谈的效率。面谈时，不仅要尽可能地从供应商那里获得信息，还要将企业对供应链的要求、对物料的要求尽可能地表达清楚；如有必要，可以带供应商去企业生产现场参观，以增强供应商对物料产品要求的把握。对距离较远的供应商，则可先让其填写供应商信息调查表等。

5. 初步走访

如果企业的采购团队不能提前对供应商进行初步的了解，会导致供应链管理的风险增加。对新供应商的初步走访包括观察供应商的生产区与办公区的各项情况，例如生产线的生产情况、生产设备、仓库、检验以及测量仪器、5S状况等，也可以初步查阅新供应商的财务情况。通过走访，能形成关于新供应商的初步整体印象。这种印象虽然是不准确、不全面的，但能影响采购人员的下一步行动。

6. 报价

在初步掌握了供应商的基本情况后，企业就应及时了解它们是以怎样的价格提供原材料、零部件或其他物料的。此时，由于双方互相都有了一定的了解，要求报价就比较合适，同时企业可以通过价格确定供应商的市场定位。

要求供应商报价之前，最好发送一份询价单给所有可能入选的供应商，以保证它们能进一步了解企业对产品的要求，并通知它们能以相同的报价方式来报价，包括币别、交货地、付款条件等相同。这样，采购团队就能轻松地进行对比和选择。

7. 正式评核

在与供应商进行议价之后，就要由企业对供应商进行评估审核，以便采购团队能准确、详细地了解供应商的生产能力、品质保证能力和财务状况等基本信息。

评核团队通常由企业的采购人员、品质管理人员、工程技术人员组成。这是因为不同部门的人员在评核过程中观察和考虑的重点不同。采购人员侧重于观察交易本身的有关内容，包括供应商的生产能力、产品的价格、付款方式、交货方式、供应商的财务状况等。品质管理人员关心产品品质、检验能力和检测流程。工程技术人员最关心的则是供应商的设备水准、加工精度、工程能力等。

在对供应商进行评核时，应避免陷入两种沟通困境。其一是在工厂评核过程中不断发现问题，现场就要求对方反复整改和重新评核，这样很容易导致进度被拖延，双方相关人员都会感到疲惫。其二是反复提供样品，这会导致评核成本不断增加。要避免这样的问题，需要评核按照计划、实施、分析、归类、汇总的步骤依次进行，然后要求供应商一次性整改，这样企业和供应商能积极配合，并能用最短的时间完成效果最佳的评核。

8. 样品检验

样品是所有管理效果与最终成本的载体。如果是新研发的产品，则要按照 NPI（新产品导入）流程进行检验。

样品检验环节中，采购方企业要求供应商提供适当数量的样品以供检验、装配，并以此确定供应商的产品是否满足企业的要求。

在提供样品时，供应商应根据产品的具体类别，提交全部或部分资料，包括材质证明、安全证明、检验报告（包括外观、尺寸、功能项目）等。采购人员在收到样品后，一般需填写样品认证表，并将其随同样品一起送给品管部门、工程部门等进行相关检验、试验及装配。在大企业中，还可以专门设置样品评估小组对样品进行评审。

评审结束后，采购团队应及时将样品检验和装配中发现的问题向供应商反馈，便于供应商进行改善。当然，如能让双方工程技术人员直接进行沟通，改善会变得更为直接有效。

9. 批量试产

即便样品通过审核，也并不代表供应商就真正具备批量供货的能力。采购方企业应向供应商索取或订购适当数量的物料，进行批量试产。如批量试产的产品能通过评估，评核环节就真正结束了。

10. 正式合作

当一家新供应商能通过上述审核与评估时，就能成为企业的合格供应商了。双方可以围绕未来的合作，进行实质性的深入探讨与签约。

5.3　精益供应商关系管理与绩效管理

在传统看法中，企业和供应商的关系更多倾向于零和博弈的竞争关系，其中一方利益的增加，就意味着另一方利益的减少，这导致双方为获取自身的最大利益，不断开展消耗战。在精益供应链中，企业与供应商之间的关系将从敌对竞争走向信任合作，双方共同分享信息，彼此协助，获取长久利益。唯有如此，双方的合作成本才能不断下降，而精益供应链的绩效也能不断上升。

5.3.1　供应商关系管理常见的认识误区

在传统的供应商关系管理领域，企业存在以下几种常见认识误区。

1. 无节制压低单价

制造业的行业环境，决定其成本构成中，原材料或零部件的支出占有相当高的份额。不少企业的领导者将降低成本的焦点放在了原材料或零部件采购单价的下压上。这本身没有问题，但它们希望通过无限压低面对供应商的采购价格来提高自身成本的竞争优势，这就有问题了。

这些企业虽然口头上宣称要"与供应商建立战略合作伙伴关系"，但在实际操作中却一次次遵循着"最低价中标"。它们从来没有真正系统、全面地测算供应链成本，也没有发现最低价带来的利润增长将远比不上此后产品返工、停产、售后、市场份额下降等问题造成的亏损。

陷入片面压低采购单价的误区会带来严重后果。当供应商面临利润被压低的长远困境时，就会因为无利可图而选择停止合作，或为扩张利润而以次充好。单纯靠压低采购价格来获得成本优势的做法，背离了精益管理思想，可能让企业为此付出沉重代价。

精益管理的代表丰田汽车公司，其物料供应的价格并不是通过招标和压低单价决定的，而是通过工程双方协商确定的。丰田采用"市场价格"的减法，而非"供应商成本"的加法。丰田从最终推向市场的产品定价，反推出双方都能接受的成本供应价格，让利润空间能为双方长期接受，避免供应商表面上压低价格。实际上，双方就成本改善制定成本优化提案，投入精益改善工程系统梳理优化，以降低成本。

为打造良好的精益供应链，企业不能单纯以价格去衡量供应商的选择和管理，也不能以一味牺牲供应商利益的方式去攫取经营绩效，而是应放眼长远、与供应商形成共赢。

2. 过多的审核监督，过少的辅导支持

在供应链管理实践中，不少制造业企业都遇到过"供应商生产效率低下""品质、交货期无法达到要求"等现实问题。为此，许多领导者希望通过加强审核监督、采取重罚的手段来解决问题。与此相反，对供应商加强辅导、帮助供应商提升管理水平的手段，则很少被企业领导者考虑。加强审核监督、采取重罚的做法很容易导致供应商受制于现实条件和自身水平，能力提升缓慢、生产效率徘徊不前、产品质量不佳。不仅如此，考核任务越是繁重、处罚越是严厉，供需双方之间的不信任感就越是强烈，以致最后相互推诿指责。

作为供应链管理的典范，丰田并非将供应商看作"外人"而置之不理。相反，丰田每年会根据供应商的不同情形，委派生产管理专业人员长期进驻厂商，负责现场指导；还会结合供应商的特点，提供免费的共同研究、自主研究、交流研究3种辅导方式。结合每年的合作成效，丰田会评选优秀供应商，由总裁亲自颁奖，获奖者能在第2年的新产品供应中获得优先名额。对那些存在问题的供应商，丰田会派人到现场检视问题，并提出改善和解决的建议。

在丰田看来，企业有责任与义务去帮助供应商，而不是一味地责备和处罚。虽然丰田也会与部分有问题的供应商解约，但也事出有因。只有那些在丰田提供帮助后依然毫无改善迹象并放弃改善的供应商，最终才会被淘汰。否则，丰田就会一直致力于帮助它们提高。

3. 拖欠货款

一些中小型企业受限于战略目光的短浅，认为必须想方设法拖欠供应商的货款，甚至以此对采购人员的工作绩效加以考核。这种做法的结果是，整个企业从上到下想方设法拖欠供应商的货款，对供应商吹毛求疵，以品质不良、交货延迟等理由拖延支付。这样会导致企业信用和形象严重受损，供应商的合作动力大为降低，企业对供应商管理的空间也迅速缩小。

4. 频繁更换供应商

在一些规模较大的企业看来，更换供应商易如反掌，既然市场有太多的中小企业在排队竞争成为供应商，为什么不能更换供应商，让本企业从中获益呢？

这种做法带来的缺点是显而易见的。由于缺乏持续、稳定的合作对象，会导致供应链管理水平的整体提升缓慢，更谈不上打造出真正的精益供应链，企业缺乏管理经验的积累，就会无从积累自身在供应商眼中的商誉和形象。而且从成本管理角度来看，淘汰旧的供应商、引进新的供应商，所花费的时间、财力、物力、管理成本也会是不小的开支，企业很容易陷入"开发引入—淘汰—再开发引入"的怪圈，难以解决根本问题。

5. "一刀切"管理误区

一个普遍存在的问题是：由于受到自身管理手段和方法的限制，企业很容易采用单一模式来对供应链系统的管理方法进行设计。这种"一刀切"的思路和做法，表面上虽然简化了管理过程，但在实际操作中却可能适得其反。

曾经有一家国内家用空调企业，为减少原料库存的资金占用，引进了零库存思想的 JIT 生产模式。虽然该企业精益生产和管理的大方向是正确的，但其却规定不论是高价值的零部件产品还是低价值如螺丝钉、纸箱这样的物料，在仓库中都只能保留 3 天用量的库存。这些库存的所有权还只能在企业真正使用之后才能发生转移，而在这之前所有库存成本都需由供应商承担。

在这样的要求下，供应商自然也愿意"配合"，只保留 3 天的库存量。然而，由于意外天气，导致包装纸箱受潮而无法使用，又无可调配的库存纸箱应急，该企业上万台的成品空调无法包装出库，出现了严重积压。这一事件不仅导致后续生产安排受到影响，也增加了物流成本和渠道成本。

该企业之所以蒙受损失，是因为在对原料库存进行管理时，采用了单一思维和做法，对占用资金很少的低价值生产物料也采取了对管理水平要求相对较高的 JIT 生产模式。这种管理模式并未真正降低整体库存资金水平，反而由于企业的错误做法，导致整个供应链运行受阻。

企业必须认识到，对供应商的管理策略，需结合不同的产品特性，采取不同的手段举措，与供应链上下游合作伙伴一起对产品和零部件设计进行优化，只有这样才能实现对供应链运作流程的全面改造。

5.3.2 供应商 SWOT 分析

时间是有限的，精力也不是无穷的。精益管理的要求就是将有限的时间与精力放到最能产生绩效的工作上。对供应商的管理来说也如此。SWOT 工具是帮助企业对供应商进行差异化管理的不错选择。

SWOT 分析法，又称为态势分析法，是 20 世纪 80 年代由美国旧金山大学管理学教授提出的战略分析方法。SWOT 分析法通过研究特定对象的内部优势、劣势以及外部的机会与威胁，从系统角度进行分析，使企业的战略更为科学。

SWOT 分析法自出现以后，就被广泛应用于战略研究与企业竞争分析中，其同样也能应用于对供应商能力的分析。

围绕 SWOT 的四大评价要素，根据供应商的信息，企业可以提出下面这些问题。

1. 优势

优势即供应商各方面的实力或者有助于达成目标的资源。与竞争对手相比，供应商具备哪些强项？供应商拥有哪些独特的资源和实力？供应商能用低于他人的成本获取哪些资源？

2. 劣势

劣势即可能会限制或阻碍目标达成的因素。供应商的绩效在哪些方面还有提升空间？哪些管理、运营、技术或财务方面的限制，对供应商产生了束缚？与其他竞争对手相比，供应商存在何种弱点？

3. 机会

机会即造成有利于目标实现的潜在态势的外在因素。供应商是否把与企业的合作看作重大机会？供应商能借助哪些技术发展趋势来提升绩效？供应商能从企业上下游的供应链中获得和提供哪些机会?

4. 威胁

威胁即可能阻碍目标实现的外在因素。外部或内部的哪些发展趋势会对供应商构成风险? 供应商在面对自身所处的环境改变时,是否处于有利的应对位置? 供应商是否存在财务风险或者其他不确定性?

通过上述分析,企业可以将备选的供应商分为 4 种类型,分别对应 4 个象限,如图 5.3-1 所示。

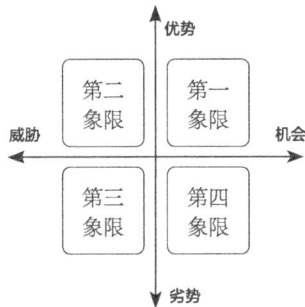

图 5.3-1　供应商 SWOT 分析

第一象限。处于这一象限的供应商内部有优势,外部有机会,劣势和威胁相对最少。它们的产品备受市场欢迎,甚至它们生产的产品能轻而易举地被任何下游企业所接受。例如,客户指定要求使用它们提供的零部件制造产品,或者其技术垄断而使一定范围内根本找不到其他符合需求的供应商。

针对这样的供应商,企业应采用以下管理方法。

(1)不在价格上做太多纠缠。无论如何谈判,该类型供应商都是强势的。企业并无办法压低价格,不如接受其价格,从其他角度降低成本。

(2)建立采购银行机制。一家制造企业 H,其上游是客户指定供应商 A 公司,该公司要求预付款必须为 100%,且产品供不应求,必须提前 3 个月付款,即使这样还未必能及时拿到货。面对这种情况,H 企业果断提出将全年的采购预算用于支付 A 公司的货款,在付款上予以倾斜。这样,就能让采购有彻底的保障。

（3）与该类型供应商在数据上进行充分共享，包括生产计划、计划变更、客户需求调整等。凡是可能有用的信息，企业都应及时共享给它们，避免由于临时变化而影响其生产计划，导致影响未来的合作。

（4）如果可能，要避免与供应商直接接触，而是将采购业务外包给专业机构进行操作。这些机构由于能集中买方的资源，将小单变为大单，可以有效节约成本。

第二象限。处于这一象限的供应商的特点在于内部有优势而外部威胁较大，有较多的竞争对手。其特点如下。

（1）产品能被替代，但存在着局部优势。

（2）竞争对手较多。

（3）内部管理较为完善、资金充裕，团队管理水平较高。企业追求的并不是短期利润，而是未来的市场占有率。

（4）规模较大，有一定数量的分公司或工厂，有合理的渠道布局。

针对这样的供应商，企业对应的管理原则如下。

（1）开发其竞争对手作为潜在的供应商，对其形成一定的威胁。

（2）从潜在供应商那里获得报价清单，以备临时需要。

（3）与其发展战略合作关系，分配较多的订单，但在谈判中拉长付款周期，从而起到融资作用。

第三象限。处于这一象限的供应商情况不佳，其优势不够明显、劣势突出、机会不足、面临的风险很大。总体上其特点如下。

（1）内部管理不到位，从生产到销售过程效率低下、竞争力不足。

（2）外部市场重叠严重，实际占有率较低。

（3）资金匮乏，或不太充裕。

（4）企业正在变革中，人员流失率较高。

针对这样的供应商，企业的管理方法如下。

（1）从中挑出资质、条件、潜力较好的供应商，在技术上给予扶持。

（2）在管理上宽严相济，既要严格考核、处罚，也要适当激励、培育。

（3）及时要求供应商与己方进行充分的信息共享，包括价格清单、财务报告等信息。

（4）在合适的时候进行淘汰。

第四象限。处于这一象限的供应商虽然具备较多机会，但风险也同样存在。其特点如下。

（1）内部管理漏洞较多，质量控制不到位，交期不确定。

（2）外部市场占有情况良好。

（3）资产条件良好，资产使用率高。

（4）有良好的社会公共关系，包括银行关系、舆论等。

针对这样的供应商，企业的管理法则如下。

（1）给以扶持和关怀，目标为将其培养成主要的供应对象。

（2）经常对它们进行全方位培训，培训内容包括六西格玛方法、质量控制方法、5S 管理等。

（3）如有条件，可以派员工到供应商的工厂进行指导，同时经常拜访供应商的高层。

5.3.3　供应商关系模式

目前，企业在对供应商关系模式进行分类时，有各种分法，企业可以根据自身的运营需要和产品服务属性对供应商关系模式进行分类。当然，企业只有在充分细分与供应商的关系的基础上，才可能针对供应商的不同情况实施不同的关系策略。

供应商关系模式，可以根据不同的标准划分成不同的类型。下面是目前比较通用的大体分类。

1. 按交易关系分

根据企业与供应商之间交易关系的不同，可以将供应商关系模式划分为以下 3 种。

（1）公开竞价型。企业将所要采购的商品公开向若干供应商提出采购计划，各供应商根据自身情况进行竞价。企业选择其中低值易耗、生产标准化产品、产品质量较好的供应商，作为该项采购计划的供应者。

这一关系是典型的短期合作关系。如对于市场上供大于求的标准化产品，企业处于有利地位，就可以采用公开竞价方式打造此类关系，使自身在商品质量和价格上拥有较大的选择余地，并有效降低成本。

（2）网络型。企业通过认证合作的中、长期交易的众多供应商，将商品质量、价格、交货时间、售后服务等方面表现优秀的供应商组成供应商池，并签订合作的基本交易条款。企业的采购活动通常只在系统中对接数据实现交易。

网络型关系是一种长期的合作关系。企业可以根据产品和服务的特性以及交易绩效针对供应商采取优胜劣汰的机制，实行定期评估、筛选，完成优胜劣汰。

（3）供应链管理型。企业和供应商处于高度协同的合作序列。通过信息共享、技术支持，企业能及时接收需求信息，根据这些信息，企业会将商品按照指定的时间、质量、数量配送到位。

在供应链管理模式中，企业与供应商形成战略合作伙伴关系。双方处于同一供应链中，因此其关系较为牢固和稳定。

2. 按关系紧密程度分

根据企业与供应商之间的关系紧密程度，可以将供应商关系模式划分为下面 4 种。

（1）短期交易型。短期交易型关系是指企业与供应商之间只是简单的交易关系。双方交易的基础只是短期的合同，各自关注的是谈判技术和合作条件，而并非如何长远地改善自身工作。当交易完成后，双方的关系即告终止。

这一关系模式的特点是，企业与供应商之间只有专门的供销人员相互联系，其他部门的人员基本上不参加双方的业务活动。

（2）长期伙伴型。长期伙伴型是指企业与供应商之间是一种以合作为基础的长远关系。双方关注的重点在于双方的长远利益，并因此而相互配合、不断改进商品质量与服务，降低各自的成本并提高双方的竞争力。

在这一关系中，企业与供应商合作的参与者不仅限于供销团队之间，也涉及各自企业的其他部门。

（3）渗透型。渗透型的关系模式是从长期伙伴型关系模式中发展出来的，其特点在于企业和供应商均把对方看成己方利益的一部分。双方相互介入和关注的程度由此大为提高。为能积极参与对方的业务活动，双方也可能采取适当的产权关系调整措施，例如项目入股、互相投资、相互持股等，确保双方始终拥有共同利益。因此，在组织上双方也应采取相应的措施，保证能相互派遣人员加入有关业务的活动中。

企业与供应商之间在建立这一关系模式后，会互相加深了解。供应商能了解到自己提供的产品在企业生产经营中产生的作用，并更好地改进产品质量。企业则能了解供应商组织生产与供应的过程，并针对其中的环节提出具体的改进意见或要求。

（4）联盟型。在这一类关系模式中，企业与供应商之间形成联盟关系。为了共同的市场利益，双方必须一起研究如何满足市场需求。供应商对产品进行思考和改善，企业也参与其中。这样，在企业和供应商之间就形成长期依存的关系。

在联盟模式中，企业与供应商之间的关系需服从供应链管理。由于双方都是供应链中的成员，双方维持关系的要求提高了，难度同样也增加了。这就需要供应链内的核心企业出面，对成员之间的关系进行有效的协调。

3. 按分类模块法分

根据分类模块法，可以将供应商的关系模式划分为伙伴型、重点商业型、商业型和优先型 4 种模式。

所谓分类模块法，是根据供应商对企业的重要性、企业对供应商的重要性，进行矩阵分析而得出关系模式的方法。图 5.3-2 所示为供应商分类模块。

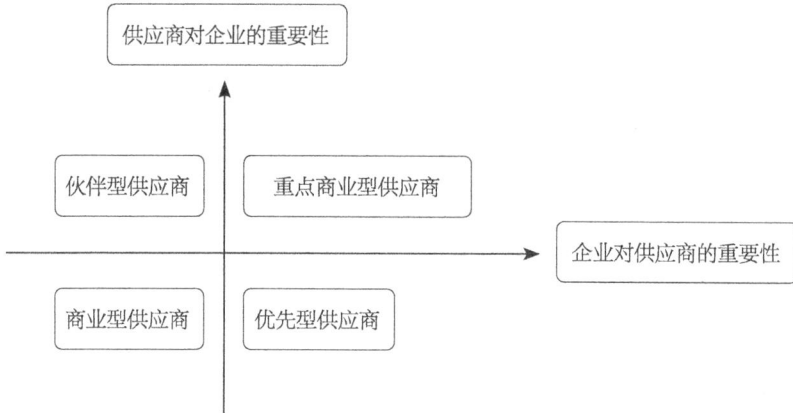

图 5.3-2　供应商分类模块

（1）重点商业型供应商。在该模式中，供应商认为企业的采购业务很重要，企业也同样如此认为。这样的供应商是企业的合作伙伴。

（2）伙伴型供应商。这一类型的供应商认为企业的采购业务对它们并不重要，但企业认为该供应商对自己相当重要。这种供应商关系是企业需重点注意进行管理的。

（3）商业型供应商。这一模式的供应商关系中，供应商认为企业的采购业务并不重要，同样，企业也认为供应商并不重要。这样的供应商对企业而言能很方便地进行更换，因此称之为商业型供应商。

（4）优先型供应商。这一类型的关系模式中，供应商认为企业的采购业务很重要，而企业则认为供应商并不重要。这样的供应商对企业而言是有利的，值得优先选择，因此称之为优先型供应商。

分类的目的更多是根据企业精益的自身需要进行评估与应用，没有一种方法是长期而稳定的。企业都是随着宏观的市场与竞争、微观的客户与产品等要素进行识别，选择适合自己的分类与管理方案。

5.3.4　供应商绩效管理方法

供应商绩效管理是供应商管理的核心，是驱动供应商管理的关键环节，也是企业精益化战略的着眼点。

通过考核能确保供应商理解双方合作的产品质量、交付方式、成本以及服务等绩效要素，并由企业在供应商之间进行比较，以鼓励那些优秀的供应商，并激励绩效较差的供应商。同时，对供应商进行绩效管理也是为了暴露供应过程中存在的不足，并将之反馈给供应商，从而帮助供应商改善业绩，为日后更好地对供应链进行优化打下良好的基础。

在对供应商进行绩效考核时，企业必须掌握以下要点。

1. 考核的基本原则

绩效管理必须支撑精益供应链战略，OTEP 模型中的"P"是对企业战略与供应链战略最直接的体现。所以，如果某个企业在 OTEP 模型方面做得很好，则可以通过绩效指标看出企业战略。

对供应商绩效的考核，需事先制定出精益绩效的具体内容及标准。总体而言，其中包括了与本企业产品、服务、客户满意度以及相关财务指标紧密联系的部分。

2. 绩效考核的准备工作

要想顺利实施对供应商的考核，就应提前做好准备工作：制定供应商考核工作程序，并由相关部门或人员按照文件推进。在考核之前，应选定被考核的供应商，将考核方法、标准和要求与相应的供应商进行充分沟通，并在企业内对参与考核的部门与人员进行培训，做好沟通协调工作。

3. 精益绩效考核方法

绩效考核的方法有两种：权重法与分类法。权重法就是对考核指标设置不同的权重，由不同的人员评审打分后求均值的方法。分类法是不同的部门各自评分，然后进行汇总的方法。

下面补充几种常见的供应商精益成本绩效考核方法。

（1）作业成本法。这是基于成本改善进行考核的方法，用于评价供应商微观成本改善的能力。

该方法对所有作业活动进行动态反映，计量作业和对象的成本，评价作业业绩和资源利用情况的成本，完成对绩效的考核。这一方法以作业为中心，根据企业作业消耗资源的多少，将成本分配到作业中，再根据产品和服务所耗费的作业量，将成本分配到产品与服务中。

作业成本法的精髓，在于以作业成本进行核算，对产品形成与成本积累的过程进行追踪，以完成对成本形成过程的追溯。主要具体步骤如下。

确定加工活动—预算每项作业的总成本—确认主要的成本动因（影响因素）—作为分配标准—预算每项分配标准的总数量—将已预算总成本除以已预算的分配标准数量—计算得出每项作业活动的成本分配率—将作业成本分配到产品中。

（2）模糊综合评价法。该方法主要用于评价精益服务。

模糊综合评价法依据模糊数学的隶属度理论，将定性评价转化为定量评价。因此，该方法具有结果清晰、整体性强的特点，能较好地解决业绩考核过程中难以量化的问题，适合用于解决非确定性问题。

就如评价一个人的好坏，不容易着手进行量化，于是设定"德、智、体、美、劳"5个定性的指标，然后通过对每一个指标用"0～10"主观评分的方式进行综合评判打分。

模糊综合评价主要分为两步：第1步，根据不同因素单独评判；第2步，按照所有因素进行综合评判。

（3）层次分析法。该方法把与决策紧密相关的元素分解为目标、准则、方案等层次，然后在此基础上进行定性和定量分析。

层次分析法的应用步骤：分析系统中不同因素的关系，建立系统层次结构；对统一层次中各元素关于上层次的某一重要性进行比较，构造比较矩阵；通过比较矩阵，计算出被比较原则相对准则的相对权重，并判断矩阵的一致性；计算各层次对系统的权重，得出各方案对总目标的总排序。

供应商绩效考核需从制造过程、产品质量、技术和服务等多方面着手，将企业的主观判断与经验导入考核模型，并进行量化处理。通过层次分析法，对现有供应商的业绩进行排名，并形成客观、公正的评价。

5.3.5　如何持续改善供应商的质量

我们知道，绩效考核有三大目的：目标沟通、绩效改善与优胜劣汰。其中最重要的就是绩效改善。精益绩效改善包括成本改善、质量改善等。而且供应商质量的改善，能够帮助供应商从源头上持续不断地改进产品质量，降低企业自身的经营风险与质量成本，增强产品质量的竞争力。

持续改善供应商质量的步骤如下。

1. 优化供应商的数量

企业的传统做法是对同一零部件采用多家供应商，以便对供应商施加压力，从而获得较低的进价。这样好像能获得比较低的价格，但只对标准化普通产品有效，而且这样的标准化普通产品完全可以打包给第三方机构，这样总成本更低。因为在精益供应链持续改善思想的指导下，企业需将资源花在最有价值的工作上，而非在简单的标准件上耗费太多的时间和精力。随着与供应商合作的程度加深，许多企业通过减少供应商数量、优化供应商绩效能力、集成采购扩大供应商供货量，来帮助供应商获得规模效益，确保双方都能从低成本中获得长远利益。

当然，同一种产品的供应商数量最终应根据产品的重要程度、市场供应状况与供应商可靠程度进行确定。企业要在综合分析上述因素的基础上，寻求平衡的供应商数量。

2. 拓展沟通网络，反馈改善点

企业与供应商之间的信息沟通，不应仅限于点对点的沟通，还应根据双方合作的深入程度，建立高效、便捷的信息沟通网络。为此，企业应积极利用当今发达的信息通信技术，面向供应商建立高效、便捷的沟通网络，实现信息共享，以此不断优化工作质量、产品质量与服务质量。

例如在进料检验中，企业应根据发现的问题的严重程度，采取不同的沟通反馈措施。

（1）对于轻微的不影响产品功能、装配等关键项目的质量异常，企业应知会供应商进行改善。

（2）对于可能影响产品的生产效率，甚至会降低产品功能等不良问题的一般质量异常，企业应知会供应商进行改善，并要求其提供纠正整改报告。

（3）对于可能导致生产停线、产品功能失效或存在安全隐患、引起客户投诉等问题的严重的质量异常，企业需让供应商派员到现场处理，并要求其当场给出解决方案。同时，还应要求供应商提供纠正整改报告。

3. 出现不合格品情况时如何处置

在与供应商长期合作的过程中，企业必然会从供应商提供的产品中发现不合格品。在精益供应链思想中，出现问题就是改善的重大"机会"。正确判定与处理不合格品，有助于长期持续改善供应商的质量，企业应立刻深入"不合格深水区"进行分析。

如在供应商生产和运输的过程中，设备损坏、原材料不合格、工艺控制不严格、人员疏漏、包装防护缺乏、搬运过程损伤、安装调试不当等都会导致出现不合格品。根据上述原因，不合格品质量责任的归属划分也不尽相同，处理方式以及防范措施也差异巨大。

某企业通过对进厂零部件的抽样检验，发现其中存在不合格的产品，于是根据协议条款拒绝接收该产品并进行了深入分析。不久后该企业发现，这些不合格零部件的产生，与企业自身搬运不当、堆放不合理有密切关系。上述两种不合格原因，虽然表象接近，但却需采取不同的处置方法，以确保改善到位。

4. 建立供应商质量动态档案

具备一定规模的制造企业，其进料检验人员较多、分工细致，团队协作更为积极，适合于采用供应商质量动态档案来改善质量。

在建立供应商质量动态档案时，可以根据物料进行分类，也可以按照供应商进行分类。如有足够的人力支持，建议采用前一种方法，这样有助于查找和使用历史记录。中小规模的企业则可以按照后一种方法，采取建立进料日志的形式，建立质量动态档案，以关注供应商发生异常批次的情况和处理措施。

5. 跟进改善效果

检查、汇总、归类的目的是最大限度地改善质量。

对供应商的改善效果加以有效跟进，是确保它们能持续改善产品质量的有效手段。常见的跟踪改善效果的方法如下。

（1）建立供应商改善跟踪表。企业建立供应商改善跟踪表，如表 5.3-1 所示，有利于提醒自己的员工有针对性地对改善项目进行验证，同时能记录供应商的改善状况和企业对供应商改善效果的认可程度，也有利于对供应商改善项目进行分析与追溯。

表 5.3-1　供应商改善跟踪表

供应商	改善项目	验证时间	验证方法	验证结果	企业认可程度	备注

（2）完成改善措施报告。对要求供应商改善的项目，供应商应提交改善措施报告，其中包括改善措施的内容、改善计划进度等。为验证供应商是否能真正落实这些承诺，企业应进一步通过进料检验来验证项目内容，判断供应商的改善措施是否到位，并形成具体的证明文件。

特别需要指出的是，在精益供应链实施过程中，企业除了要督促供应商改善之外，也应与供应商一起共同推进改善。

（3）及时进行反馈。针对供应商进行的改善，企业检验人员或团队应及时将检验结果通知供应商。发现有改善效果后，无论其是否完全达到企业的要求，都应及时知会供应商，告知企业对其改善效果的认可程度、是否需继续改善、再改善的具体要求等。如供应商的改善效果满足了企业的要求，也应及时通知供应商，告知其改善效果显著，希望能按改善后的效果继续保持。

5.4　如何给供应商分类

企业应首先结合市场的竞争状况与产品品类建立分类标准，然后再对供应商进行科学分类。

1.产品分类标准

根据对所采购的物料产品的熟悉程度和支出成本情况，可以按照以下产品分类标准对供应商进行分类。

（1）产品的重要程度。由于企业生产需要品种繁多的零部件，因此必须对其中的关键部件区分清楚。这些关键部件的供应是否足够充分，将会在很大程度上影响企业的产品交货速度、占领市场的速度，并会决定企业如何发展。因此，企业应与提供关键部件的供应商建立长远合作的伙伴关系，达成战略型互惠协议，从而共同进退、打造共赢局面。

（2）产品支出成本程度。虽然市场物资整体呈现越来越丰富的情况，但在特定领域内，还存在不少以技术门槛形成垄断的行业。在这些行业中，供应商提供物料的过程存在交货周期长、付款条件苛刻等对企业不利的因素，很容易导致成本上升。企业应与这类供应商建立良好的合作关系，改善交货情况，保证可靠性，降低成本。

（3）产品供应市场的成熟度。市场和产品的成熟度越高，产品的品种和库存也就越稳定。这一类型的供应商大都依靠产品的供应链来确保利润，因此其物料供应能确保企业生产的需求，而企业也只需对该种产品的供应价格做好调查即可。

当然，我们还可以根据企业的情况，设置"技术复杂度""采购周期长度""质量稳定性""产品升级速度"等属性指标来对供应商进行分类。

2. 供应商分类

根据精益供应链的标准，对合格供应商加以评定之后，企业可以对供应商进行重要性的分类。

供应商分类的方法有很多，最常见的方法是 ABC 分类法。

A 类供应商占总合格供应商数量的 10% 左右，但其供应的物料价值占企业采购物料价值的 60% ~ 70%。B 类供应商占总合格供应商数量的 20% 左右，其供应的物料价值占企业采购物料价值的 20% 左右。C 类供应商占总合格供应商数量的 60% ~ 70%，其提供的物料价值仅占企业采购物料价值的 10% ~ 20%。

A 类供应商提供了企业大部分的物料供应，企业对其管理的方法在于降低供应成本，并投入主要精力进行重点管理。而对 B 类和 C 类供应商，由于其所提供的物料比重小，不妨减少管理精力，进行一般管理即可。

对于供应商的分类，还可以通过供应商对企业战略的贡献与合作契合度的维度进行分类，主要分为以下 4 类。

（1）战略合作伙伴。这种供应商在精益供应链中，与企业在经营理念和逻辑方面有共同的想法，企业应将其看成是与自身平等互利的合作关系。在精益供应链架构中，共同设计、共同采购、共同生产、共同服务客户，对其提供技术甚至资金支持。这样，供应商才会提供坚决、长远的支持，从而确保双方关系稳定。

（2）协同供应商。双方互利协同，通过完善的服务、技术创新、产品的优化设计，供应商应能保证长期供货、拥有相应的设施和生产能力，并保证优先生产物料。因此，保持协同地可持续提供质量稳定的产品是管理的关键。随着合作的深入，也可以对其采用战略合作伙伴的管理策略。

（3）备选供应商。备选供应商是指当企业接触供应商之后，对方能达到企业要求的生产能力、交货能力，但在质量稳定性、交易条件等方面存在一定瑕疵或分歧的供应商。企业可以将这类供应商作为备选者，根据需要与其保持联系或给予辅导支持，以备企业后期选择加以合作。

（4）淘汰供应商。主要指当企业开发供应商时，被筛选出的完全无法合作的供应商。它们往往在特定的生产因素上有所缺失或存在问题，例如设备、工艺上的缺失或产能、质量、商务等方面存在问题。企业因此无法接受它们的产品，也就难以将其作为考虑对象。

供应商分类需要根据企业精益供应链与产品品类的要求进行，选择一种适合自身的方式即可，并在团队内部达成共识。

第6章
精益供应商辅导策略

　　在多年的供应链管理中，丰田公司具备了出色的供应商辅导能力。国内企业要想打造精益供应链，都应学习丰田公司的先进经验。鉴于外部环境、国民文化、供应商群体的素质等多种因素，国内企业对供应商的辅导既要目光长远，又要立足当下，应积极对供应商进行辅导，以使供应商管理工作的投入产出比达到最大。

6.1 为什么要进行供应商辅导

在精益供应链思维中，企业的上下游从某种程度上看是一个"虚拟企业"，只是分工不同、角色不同，于是需要相互合作，增强企业的战略竞争力。为了让上下游"上下同欲"——无论是战略还是绩效，采购企业会通过绩效考核的手段帮助供应商协同改善与成长。

同时，在供应链中，"变"是正常的，而"不变"则不正常。面对瞬息万变的市场，企业必须将不断变化的需求有效传递给供应商，帮助它们去理解并满足客户真正的需求，这就需要上下游协同完成。于是，供应商辅导就成为打造精益供应链的重要工作。

6.1.1 市场竞争压力大

精益供应链组成的"虚拟企业"面临着激烈的市场竞争，要想快速取胜，就不能将企业的资源消耗在不断地尝试、纠错上。积极辅导供应商，能平衡当下与未来、生存与发展的关系，可以获得更大的先机。

面对竞争对手不断成长的压力，如何提升供应链的竞争力，是摆在企业供应链职业人面前的重要课题。我们只能通过战略与绩效分析，明确哪些供应商是需要接受绩效辅导并需要做出改变的，这样才能将最佳资源进行匹配并运用在对供应链源头的高效改善上。这样，企业除了能获得绩效的改善，更能获得有充分合作意愿、有相同价值观并认同企业愿景的供应商合作伙伴。

当然，如供应商缺乏接受辅导、主动求变的意愿，抑或企业忽视了对供应商的管理，双方合作的基础就会缺乏稳定性，同时会难以适应不断加快的市场节奏。

6.1.2 与供应商的合作出现问题

由于精益供应链强调关注价格，因此在实际的企业与供应商的合作中很容易出现以下问题。

①供应商产品的品质始终有问题，难以得到改善。

②企业从客户那里了解到问题，向供应商反映，却无法得到妥善解决。

③企业导入新供应商或新产品后，产品品质不稳定，时好时坏。

④距离较远的供应商，其产品品质难以管理，出现异常也无法迅速解决。

⑤供应商表示，企业给出的采购单价太低，自己只能交出较低品质水准的产品。

⑥供应商威胁，如品质要求太高，就无法交货。

……

针对上述问题，企业固然可以利用各种传统的方法加以解决，如签订协议、利用奖惩手法、进行价格与数量鼓励等，然而，这些方法只能"治标"而不能"治本"，企业更多是寄希望于供应商自我改善的甩手掌柜心态。这样，一方面双方对品质标准认识不统一造成误解，另一方面双方的关系从"合作伙伴"转变为"商业交易"，从而让供应商对未来没有信心。在精益供应链中，企业应将合作从短期交易变成长期合作，而具体措施之一就是双方共同面对问题，一起努力，包括采取对供应商的辅导培训，确保战略与绩效措施落地。

例如，对于导入新产品时产品品质不稳定的现象，企业可以利用和整改议案进行跟踪改善，派驻改善工程师现场辅导，通过讲习会、研讨会的形式对供应商进行培训，邀请供应商研讨预设主题，说明企业的产品品质要求和标准、检验的方案、抽样标准等，同时传授和告知新产品的特性、生产技术、使用方法、相关知识等，并分享经验、组织供应商相互学习，最终使供应商的技术或工程能力得到有效提升。

6.1.3　客户提出特殊要求

在传统的供应商管理中，由于缺乏供应商辅导和共同改善机制，企业之间缺乏深入的交流与探讨。供应商只从自身可以生产的产品角度思考，并不十分清楚企业的产品需求状况，更不清楚终端客户的要求变化。因此，其组织生产、准备资源时，更多依靠自身对市场的独立调查，甚至只是依靠主观判断。同样，采购方企业为便于从多个供应商中挑选出最佳者，也可能保留部分信息，导致客户提出特殊要求后，信息变动情况无法及时共享，渠道透明度欠缺。长此以往，显然增加了供应链的不确定性，对企业和供应商都相当不利。

精益供应链管理不但应降低企业成本、提升产品质量，还应综合提升供应链上所有企业的核心竞争力。因此，企业必须充分重视对供应商的辅导管理，注意收集获取客户提出的特殊要求，并积极与供应商联系反馈，及时采取措施，确保供应商能真正了解这些特殊要求，以实现与供应商的关系朝着健康、良好、长远的方向发展，最终达成双方的共赢。

6.1.4　精益采购职业化要求

基于成本竞争优势的精益供应链运营对采购与供应链职业人提出了不同的职业化需求，因为构建精益供应链除了需要正常的供应链管理能力之外，还需要能将精益供应链日常策略落地的能力。

正常的供应链运营管理除了需要产品、物料等基础知识和技能外，还需要以下技能。

①熟悉供应链端到端全过程的环节及内容，并能用于日常工作。

②熟悉所负责领域如计划策略、采购策略领域的专业策略方法及流程。

③掌握项目管理基础知识并能用于管理。

④能熟练进行数据整理及分析。

⑤熟练掌握使用信息化系统工具处理事务性工作的方法。

⑥有较强的沟通协调及谈判能力。

⑦具备一定的激励及引导能力。

在精益供应链实施过程中，采购与供应链职业人要具备能进行现场改善和使用精益化工具的能力。美国某知名物流公司的副总裁曾经提到，采购与供应链职业人是项目经理。其意思就是采购与供应链职业人需要具备管理项目计划、项目调度、项目风险、项目成本的能力。大到供应链管理，小到一个改善小项目，都需要项目管控。同时还需要注意以下问题。

①防错（设计、工装等）。

②控制图。

③设备总效率 TPM（Total Productive Maintenance，全员生产维护）。

④ PPM 分析。

⑤价值分析。

⑥基准确定。

⑦动作 / 人机工程分析。

同时，对于需要进行项目改善与使用工具的，包括但不限于如下内容。

①计划外停机时间。

②过长的循环时间。

③报废、返工、返修。

④场地的非增值使用。

⑤过大的变差。

⑥人力和材料的浪费。

⑦不良的质量成本。

⑧产品难装配或安装。

⑨过多的搬运与贮存。

⑩客户不满意，如抱怨、退货等。

同时，采购与供应链职业人的职业操守、敬业精神、精益求精的工作态度，皆是构筑职业化的基本要素。

6.2 精益供应商辅导流程

对供应商的辅导，应战略与战术结合、绩效与工具贯通，遵循科学而高效的流程，使供应商的运营水平稳步提升，进而保证整个供应链的效率和质量。

6.2.1 供应商审核与诊断

发现改善机会是进行精益供应商辅导的前提。因此，对供应商进行审核与诊断，是形成精益合作关系，进而搭建精益供应链的关键步骤。

1. 成立审核与诊断小组

该小组的工作要点包括如下内容。

（1）分组分项目设立，考虑审核与诊断的工作内容与特点，选择合适的小组成员。

（2）确定诊断的方向与内容，每次诊断都应针对具体的方向与内容进行诊断与评估，如质量、效率、流程，或是现场管理与仓储管理等。也可以进行系统的全方位诊断，纵向应贯穿客户和供应商，横向应覆盖供应商和企业的各个职能部门。

（3）运用多重方法，包括查询供应商数据、直达现场观看、询问一线职员等。

2. 诊断的重点

可以根据企业的采购目标确定诊断的方向，并应与与供应商详细沟通诊断的内容。下面是一些企业常见的诊断指标和内容，供大家参考。

（1）产品直通率与客户投诉。产品直通率即质量一次检验合格率，客户投诉即客户抱怨、退货或客户纠纷。了解这两个数据，是进行科学诊断的基础。

（2）生产平衡率。即生产现场的均衡率，主要包括订单的均衡状况、生产线各岗位的均衡状况。

（3）设备故障率。

（4）来料质量合格率。即供应商上游的来料质量合格率，最好能提供交期状况。

（5）标准产能。包括各产品的标准产能、各产品工序的标准化时间、可查出的实际产能。

（6）生产周期。即材料正常的整个生产周期。

（7）采购周期。物料从下单到交货的时间，指供应商提供物料的周期。

（8）物料周转率。供应商自身的当月物料使用额与上月库存额加当月入库额之间的比值。

（9）其他。包括人员素质、能力、职业态度、财务状况、IT 信息化等。

3. 审核与诊断的工具和方法

审核与诊断需配备必要的评估工具，如提前设计好的表格、评估标准样品、评估素材、摄像器具、计算设备等。

审核与诊断的方法，即对于评估的方向建议提前告知对方，让对方有自查自纠的机会与学习改善的空间；但具体的细节应注意不要过早通知，尽量临时进行通知，以便了解真实情况。保持中立、客观、专业、真实的态度，避免全程被供应商带领和引导，造成情况的遗漏。

通过对供应商进行审核与诊断，企业应做到全面了解供应商，这样才能为其提供针对性强的培训。

6.2.2　建立供应商整改指标

无论是对供应商的审核、诊断还是辅导，都只是一种手段，整改才是最终目标。因此，不断向供应商抱怨是无意义的，供应商并不会因为抱怨而改变。要想推动其改变，企业不能只对它们提出要求，还应与它们一起寻找方法。

要想整改，必须先进行衡量。企业需建立供应商整改指标，在每年年初设定目标值，判断供应商的实际情况，及时与供应商进行反馈沟通，共同分析其中的问题并积极进行整改。

供应商整改指标通常包括合同履约率、准时交货率、质量合格率、让步接受率、拒收率、交货期缩短、成本降低、质量保证能力等。

6.2.3 供应商整改过程的验证与确认

供应商整改、验证与确认的全过程,应由采购方作为专门的项目予以推动。在这方面,日本企业最先加以践行。

20 世纪 70 年代开始,丰田汽车公司将整个丰田生产方式全面推广到供应链上游。由于该企业以看板拉动生产方式作为标志特征,而整个供应链系统运行的效率取决于供应商是否也能切实进行改善。因此,丰田非常重视供应商的整改、验证与确认。为此,丰田将自己独特的生产方式推广应用到直接供应商,派出专门人员常驻供应商处,不断耐心辅导其整改,即便对存在困难的供应商,也给予充分的调整时间和空间。为确保辅导到位,这样的推广每 10 年向供应链上延伸 1 级,迄今为止,丰田的第 4 级供应商在推行丰田生产方式上都已经卓有成效,这足以证明丰田对供应商整改过程的推动。

当然,中国企业并不能盲目照搬丰田的辅导模式,通过吸取其先进经验,可以重点在以下方向对整改进行验证与确认。

1. 样品验证与确认

企业派出代表,将客户对样品的评价反馈给供应商,反馈的主要内容包括样品的尺寸、颜色、物料、包装等信息,供应商则根据具体反馈的意见内容重新制作样品,直至客户最终确认样品为止。

在完成对样品的确认后,还需由企业技术检验部门进行评估。评估重点包括所选的材料是否与客户要求完全一致,样品各部位尺寸、用料是否与客户图纸等要求完全一致,样品的颜色和包装是否与客户要求完全一致,样品的数量是否与客户要求完全一致,本企业是否留样等。

对经过确认的样品,要求供应商提供 3 件。其中,1 件提供给客户,1 件交由供应商保存,1 件由企业代表留存。企业代表留存的样品,是供应商日后生产订单的验证凭据,可以用来检验产品交货的整改效果。

2. 跟单流程整改

（1）生产通知单。企业在派出代表完成样品确认，并接到订单后，应将之转化为生产通知单，明确锁定产品名称、规格型号、数量、包装要求、交货期等。

（2）分析生产能力。企业在下达生产通知单后，应分析供应商的生产能力，了解其是否能按期按质交货。如不能，则应同供应商商定整改计划。

（3）制订生产计划。整改内容与生产计划的修改有密切关系。企业应协助供应商生产管理人员，及时将订单要求转化为生产通知单。其中，阅读生产计划是安排生产的依据，也是制订采购计划的依据。周生产计划则由月生产计划或紧急订单转换而制定，日程计划则是如何针对生产计划预先设定从接单到交货全过程的时间、顺序、批量等。

（4）跟踪生产进度。为确保供应商的整改效果，企业需跟踪生产进度，主要包括协助供应商编制月生产计划和周生产计划，并在此基础上进行产能符合分析，以确定每日生产进度。根据统计数据，分析异常工时，并做适度的进度调整安排，确保交货期。追踪影响进度的责任部门或员工，督促其找出原因加以改进。适时召开协调会议，及时相互沟通有关生产进度方面出现的问题。

此外，企业还应明确生产进度控制的重点。一旦发现供应商的实际进度与计划进度发生差异时，要让派驻代表立刻寻找原因，便于制定整改措施。通常发生这种差异的原因包括原计划错误、机器设备有故障、材料未跟上、不良率和报废率过高、临时工作或特急订单影响、前制程延误的累积、员工工作情绪低落、员工缺勤或流动率高等。只有从这些问题中找到针对性原因，才能进一步采取有效改进措施。

（5）生产期间的检验与整改。在订单安排生产期间，企业派驻代表需定期在供应商处进行下厂检验，以发现生产中出现的问题，并及时要求供应商整改。尤其在生产初期，需对供应商每个生产部门和工序进行半成品随机抽检，对发现的问题要协助和监督供应商进行整改。检验的要点如下。

①生产期间的检验至少要进行 5 次。

②产前检验。所有生产的物料，必须由质检员抽检合格后，供应商才能接收。

③第 1 批下线产品的抽检，即在订单完成 30% 左右时进行的检验。

④中期检验，即在订单完成 50% 左右时进行的检验。

⑤最后检验，即在订单完成 80% 左右时进行的检验。

⑥陪同客户方的质检员做最后检验。

⑦订单生产完毕后，企业派驻代表可以根据资料进行查货，若有质量问题应及时督促供应商进行返工处理，同时不可延迟货期。

6.2.4　供应商能力持续提升和企业不断督导

为促进供应商能力持续提升，企业需不断对其进行督导，其中主要方法包括如下几点。

1. 鼓励早期参与

供应商对产品的早期参与体现在两大方面，即早期参与到产品研发过程，和早期参与到终端客户需求的确认中。如供应商能切实早期参与，就能真正促进实现合作双方的双赢，最终提升整条供应链的运营水平并有效降低成本。

对于鼓励供应商在产品研发阶段早期参与，企业应着重实现对口部门之间的直接沟通，以有效减少障碍，使双方关系更为紧密。这样就能提高产品开发效率、缩短开发周期，也能减少在新产品研发进程中由于配套不当而引起的设计变更，从而能降低研发成本。

在确认终端客户需求时引入供应商的早期参与，可以促使供应商更早了解业务需求，以便供应商能有的放矢地进行备货生产，从而缩短整个采购周期、保障精益供应链的运转。而最直观的益处，则在于降低双方的库存成本。

2. 有效利用活动日、大会

利用供应商活动日、供应商大会，能有效地督导供应商能力的持续提升。供应商活动日通常每个月举行一次，供应商大会则每半年或一年举行一次。这两种方法更多属于联谊上的沟通，可以为日常沟通打好基础。

3. 组织供应商参与例会

最常见的督导方式是积极组织供应商参加例会。目前，虽然许多企业会定期组织召开跨部门例会，但在这些例会上往往无法明晰部门责任，而会将问题推向供应商，最终责成采购部门与供应商交涉，但问题却迟迟无法解决。实际上，例会应提前形成详细议程和明确议题，发现其中涉及的具体供应商，就应要求对方派出代表前来参加例会。在例会上确定是供应商的问题，就应要求他们现场做出改善承诺，若不是供应商的问题则应当由企业内部进行解决。这种形式是非常有效的双向沟通，可以成为常设的供应商辅导机制。

6.3　精益供应商辅导工具

精益供应商辅导的内容非常丰富，这要求企业相关人员不仅应包括技术人员，同时也应包括能积极面对复杂状况的中层管理人员。为此，相关人员必须开发和掌握对应的工具，结合工作经验与精益供应链管理知识，熟练地对供应商加以辅导。

6.3.1　供应商辅导制度模板

下面是某公司实际运用的供应商辅导制度。

1. 制定目的

为积极培育供应商成为本公司坚强的主力后勤阵容，以提高经营合理化水准，特制定本规章。

2. 适用范围

凡本公司供应商辅导管理，悉依照本规章所规范的体制进行管理。

3. 权责单位

制造部为本规章之权责单位，权责单位主管经单位授权，负责本规章的管制，并确保依本规章规范作业。

4. 调查评核作业

（1）施行程序。实施采购前应进行供应商调查，并填具《供应商调查表》，其目的为了解供应商的制程能力与品管能力，以初步确定其是否有能力供应符合本公司所要求品质水准的材料。

调查资料经生技、采购、品管、生管4个单位签署意见后，呈总经理批准，所调查供应商才能成为本公司的供应商。

未经供应商调查认可的厂商，须经总经理特准，才能进行采购。

由各评核单位形成对评核结果的建议，向总经理提供核定该供应商是否可以成为本公司供应商的依据。

（2）价格评核。对供应商供应材料的价格，由本公司采购单位根据供应商的素材价格、加工费、估价方法进行评核。

（3）技术评核。对供应商的生产技术，由本公司生技单位按照供应商的技术水准和技术潜力进行评核。

（4）品质评核。对供应商的品质评核，由本公司品管单位按照供应商的进料品管、制程品管、成品品管制度执行能力和效果进行评核。

（5）生管评核。对供应商的生管评核，由本公司生管单位按照供应商的生产计划、进度控制、交货控制等进行评核。

5. 供应商复查

（1）经辅导认可的合格供应商，原则上每年复查一次。

（2）若供应商的交货品质或日期有变化时，应随机复查，其目的为辅导供应商规范品管制度，以协助解决品质问题。

6. 供应商意见调查

（1）经辅导认可的合格供应商，原则上每季度进行一次意见调查。调查意见由采购单位做成季报，呈主管核实后交相关单位配合研商改善。

（2）若供应商的交货品质或日期有变化时，应随机复查，其目的为辅导供应商规范品管制度，以协助解决品质问题。

7. 辅导方式

（1）对于交货品质为 B 等的供应商，进料品管单位将各供应商交货主要品质缺点，以书面或电话形式促其改善。

（2）对于交货品质为 C 等以下的供应商，由进料品管单位根据其近 3 个月的交货评核结果及评等偏低原因，对其进行改善或淘汰。

8. 评价作业

对于供应商的辅导评价，每月依《供应商等级评核表》评核一次。

（1）优良（A 等）：91 ~ 100。

（2）好（B 等）：81 ~ 90。

（3）合格（C 等）：71 ~ 80。

（4）不甚好（D 等）：61 ~ 70。

（5）不合格（E 等）：60 及 60 以下。

9. 评价项目（可以根据诊断导向选取部分项目指标）

供应商交货实际评估项目及配分范围如下。

（1）品质评分：40 分。

（2）包装评分：10 分。

（3）交期准确性评分：25 分。

（4）价格评分：10 分。

（5）售后服务评分：15 分。

10. 评分方法

评分方法如下。

（1）依据进料验收情况，进行交货不良率评估。

①依据本公司规定包装标准及货品保护情形酌情评分。

②包装、外箱必须标示数量、品种、品名、颜色、重量等。

（2）依据本公司发出的订单规定的交货日予以评分，评分方法如下。

①如期交货：25分。

②延迟 1~2 日：20分。

③延迟 3~4 日：10分。

④延迟 5~6 日：5分。

⑤延迟 7 日及以上：0分。

（3）依据供应商的价格水准与估价行动予以评分，评分方法如下。

①价格水准。

价格公平合理：6~7分。

价格偏高：4~5分。

经常要求调价：1~3分。

②估价行动。

行动迅速、价格合理：3分。

行动缓慢、价格合理：2分。

行动缓慢、价格偏高：1分。

置之不理：0分。

（4）依据供应商的交换品交换行动和抱怨处理予以评分，评分方法如下。

①交换品交换行动。

按期更换：8分。

偶尔拖延：5~7分。

经常拖延：1~4分。

置之不理：0分。

②抱怨处理。

诚意改善: 7 分。

尚能诚意改善: 4 ～ 6 分。

改善诚意不足: 1 ～ 3 分。

置之不理: 0 分。

11. 评等处理

《供应商等级评核表》每月由品管单位制成, 于次月五号前呈报制造部经理, 并按评定等级作奖惩处理。

（1）对于 90 分（优良）以上的供应商, 本公司酌予使用短期期票或现期支票支付货款, 以资鼓励。

（2）对于未达 80 分（合格）的供应商, 由采购单位人员提醒进行注意并要求改善。

（3）对于未达 70 分（不甚好）的供应商, 由采购单位人员考虑更换。

（4）对于未达 70 分（不甚好）而无法更换的供应商, 应将其与同性质供应商进行相互比较, 择其优者辅导。

（5）对于 60 分及 60 分（不合格）以下的供应商, 除名不再与其合作。

6.3.2 供应商调查表

厂商编号：

表 6.3-1　供应商调查表

名称	地址	电话	负责人	经办人
总公司				
分公司				
工厂				

公司概况			
资本额		万元	
建立登记日期		年　月　日	
工厂登记证字号			
往来银行		往来银行分行	
开始往来日期		年　月　日	
停止往来日期		年　月　日	
所属公会或团体			
协力工厂数			
协力工厂利用率		％	
平均月营业额		万元	

机器设备

名称	台数	厂牌规格	购入年月	购入成本	性能

员工

职能部门	人数	干部人数	普通员工人数	大专学历人数	高中学历人数	平均月薪（元／人）

材料来源

材料名称	供应厂商	价格（元／单位）

续表

主要产品	品名	占比	品名	占比	主要销售对象	公司名称	占比	公司名称	占比

	总经理		生技部门		品管部门		生管部门		采购部门	
	批准	不批准	认可	不认可	认可	不认可	认可	不认可	认可	不认可

6.3.3 供应商意见调查表

表 6.3-2 供应商意见调查表

供应商名称：　　　　　　　　负责人：

厂址：　　　　　　　　　　　填报日期：

科目	调查项目内容	了解程度状况
材料零件认可	1. 您对本公司研发部门样品的认可程序是否了解？ 2. 您对本公司研发部门认定的物材的交货依据及样品要求是否了解？ 3. 您对本公司研发部门认可的样品是否有保留，以作日后品质管理查备之用？	1. □了解　□不了解　□请当面沟通予以了解 2. □完全了解　□不太清楚　□请当面沟通予以了解 3. □样品有保留　□样品未保留　□请当面沟通予以了解
品质验收与管制	1. 您对本公司的品质检验标准及方法是否了解？ 2. 您对 AQL 定义是否了解？ 3. 您公司现行生产品质及交货品质能否达到本公司要求的品质水准？	1. □了解　□不了解　□请当面沟通予以了解 2. □了解　□不了解　□请当面沟通予以了解 3. □可以　□不可以
采购契约规定	1. 您公司的现行产量足够满足本公司需求吗？ 2. 您对本公司订单单价满意吗？ 3. 您对本公司订单下单至交期间的缓冲时间能否接受？	1. □可以　□不可以 2. □十分满意　□合理可接受　□尚可接受　□请再议价 3. □可以接受　□尚能接受　□无法接受　□请再商议
付款条件及请付手续的认识与了解	1. 您对本公司的付款条件及手续是否了解？ 2. 您对本公司规定的供应商货款请付手续及票期结付期间意见如何？	1. □完全了解　□不了解　□请当面沟通予以了解 2. □认同无异议　□有异议或意见 □不明了请当面沟通予以了解
厂商协调与售后服务	1. 您对品质有疑问时，会主动找本公司哪一部门或主管？ 2. 您对本公司品管检验出的不良品所采取的售后服务处理方式是什么？ 3. 您对本公司 IQC 批验抽查判定无法达到 AQL 允放水准时，后又经本公司物材监审处理特采上线使用，对加工花费的工时损耗，届时将于货款中扣除，以弥补本公司损失的做法是否同意？	1. □品管部门　□研发部门　□采购部门 □找总经理讨论 2. □主动积极来厂处理　□以电话形式协调了解　□待退回厂再作分析处理 3. □同意　□不同意　□请当面沟通予以了解
建议事项	您对本公司的建议事项：	

6.3.4 供应商等级评核表

表 6.3-3 供应商等级评核表

日期：　　　年　　　月　　　日

厂商名称	材料名称（规格）	批次总量	合格批数	不合格批数	样品数	不良品数	不良率	品质评分	包装评分	交期评分	价格评分	售后服务评分	评定等级

第 7 章
精益库存的控制与仓库管理

在 OTEP 模型中，精益供应链围绕订单进行生产，并追求零库存。可以这么说，评价一个企业供应链管理是否优良的最直接的指标就是库存。正因如此，加强精益库存的控制与仓库管理，能显著提升精益供应链的运营水准。

7.1 库存是一把双刃剑

库存，如同兵器谱中的双刃剑。管理得当，能不断削减成本、超越竞争者；管理不当，则会导致客户流失。正确理解和管控库存，可以让企业与供应链的运营效率迅速提升。

7.1.1 如何正确理解库存

库存，表示用于将来使用而暂时处于闲置状态的资源。设置库存的目的是防止企业生产短缺、市场需求与供应不同步，从而保持生产过程的连续性，以迅速满足客户的订货需求并得以分摊订货费用。以经济用途区分，库存可以分为商品库存、制造业库存和其他原材料库存。以具体作用区分，库存可以分为周期性库存、在途库存、安全库存、季节性库存、波动库存等。

1. 库存的价值

（1）改善服务质量。企业持有一定数量的库存，能调节供需之间的不平衡，确保企业能按时交货，避免或减少因缺货或供货延迟所带给客户和企业自身的经济损失。

（2）节省订货费用。订货费用是指在订货过程中为处理与发运订单而产生的费用，包括物资采购费用和产品销售费用。这些费用同订货批量大小无关，但与订货次数紧密相关。如企业能持有一定数量的存货，减少订货次数，就能有效节省订货费用。

（3）节省作业交换费用。作业交换费用是指在企业生产过程中对设备进行批量更换和进行作业准备所产生的费用。频繁的更换作业，会耗费设备与工人大量时间。企业通过持有一定数量的在制品库存，能加大生产批量，减少作业交换次数，从而节省作业交换费用。

（4）提高人员与设备的利用率。持有一定量的库存能防止由于某个环节的零部件供应缺货而导致的生产中断，另外还能让企业即便在面临需求波动或季节性变动时，也能使生产均衡化。

2. 库存的不利影响

虽然持有库存能为企业带来一定的好处，但在许多情况下，库存也会对企业的运营管理带来不利影响。正因如此，某些精益生产理论和管理理论将库存看作"毒药"，认为任何库存都是有害的。库存的不利影响主要体现在以下几方面。

（1）资金占用。大量库存占用大量资金，影响企业资金周转。若企业管理制度不健全、管理不善，则很容易在某个环节形成资产不良问题。

（2）库存成本。为持有库存，企业需花费费用，包括占用资金的利息、储存保管费用、保险费用、库存物品价值损失费用等。

（3）掩盖问题。高库存会导致企业生产经营中存在的问题被掩盖，包括如下几种。

①掩盖废品率和返修率高问题。

②掩盖工人的缺勤问题、技能较差问题以及纪律松弛、管理混乱问题。

③掩盖供应质量问题、交货不及时问题。

④掩盖企业计划安排不当问题、控制生产不健全问题等。

企业生产经营中出现的诸多问题，都可能因高库存而被掩盖从而难以发现。

事实上，在大多数企业的现有发展阶段中，并不可能彻底消灭库存，所以企业需要充分发挥和利用库存的优势。库存的数量与企业供应链管理现状和管理能力息息相关。企业需对库存数据进行客观分析，找到影响库存水平的生产流程、组织架构和供应体系，并有效改善库存现状。

7.1.2 精益零库存与库存为零

精益供应链的市场生存逻辑确立了零库存是最佳的库存方案。零库存是一种特殊的库存概念。零库存并不是等于不要储备和无储备，其不完全等同于"库存为零"。

所谓的零库存是指物料（包括原材料、半成品和产成品等）在采购、生产、销售、配送等一个或几个经营环节中，不以仓库存储的形式存在，而是均处于周转的状态。

零库存的历史可以追溯到 20 世纪六七十年代。当时，日本丰田汽车公司基于市场需求与自身能力实施 JIT 生产，在管理手段上采用看板管理、单元化生产等技术，以实现在生产过程中原材料和半成品的零库存。这些措施不仅大大降低了生产过程中的库存及资金的积压，而且提高了相关生产活动的管理效率，同时也使丰田汽车公司有更多的资金用于企业运转。

此后，零库存不仅应用于生产过程，而且延伸到原材料供应、物流配送、产成品销售等各个环节。这也为丰田精益供应链后续的实施与推广奠定了重要基础。

7.1.3 零库存的优点与缺点

作为精益供应链管理方案的重要组成部分，零库存具有以下优缺点。

1. 零库存的优点

（1）减少资金占用和机会成本。在传统存货管理模式下，企业必须保存一定量的库存，从而保证生产经营的连续性。这种情况不断发展，可能导致大部分流动资金被存货所占用。

相反，如果企业采用零库存管理方法对存货进行管理，企业存货的库存量则只需仅够当天生产经营使用即可。这样，当每天生产经营结束后，存货的库存量为零，存货所占用的资金也就降低到了最低限度，从而有效减少了企业流动资金的投入，节约了资金。

采用零库存管理方法，可以有效管理存货、减少流动资金的投入，并能在不影响生产经营正常进行的同时加快资金的流通和周转。这样企业能有效避免因资金周转不灵所导致的财务危机，并能转而将节约下来的资金用作其他投资，以取得相应的投资收益。

总而言之，采用零库存管理方法管理存货，能提高企业的资金利用率，相较传统存货管理方法，其更能符合 OTEP 模型中精益供应链追求的低成本要求。

（2）降低存货储存成本与管理费用。在传统存货管理体系中，企业的储存成本和管理费用占了总成本很大一部分，而这些最终都会在销售收入中扣除，从而会使利润减少。

采用零库存管理，相关的成本得以降低，能解决成本与收益之间的矛盾。

（3）防止企业存货变现的成本损失。在市场经济的浪潮中，市场变化迅速，市场的不确定性日益增加。企业可能会出现产品滞销问题，从而会导致短期存货变为长期存货。这种存货很容易变成企业内流动性最差的资产而难以变现。为此，企业不但要面临源源不断的保管费用，甚至极可能不得不将存货低价卖出，导致成本损失。

采用零库存管理方法，企业的原材料、零部件、在产品以及产成品的库存均为零。这样，即便企业面临突然停用产品或改良产品的压力，也不会因为积压存货而不得不将其低价卖出。

（4）减少供应商的数量及采购成本。在传统存货管理方法下，企业大都选择分批购入原材料或半成品，每一次的采购都必须由采购人员去协商、交涉，并选择不同的供应商，其间所发生的采购费用、运输损耗、挑选费用等成本，都将一同计入存货成本，无形中增加了成本。

采用零库存管方法后，为保证物料能保质保量按时送到，企业必须与少数供应商建立长期合作关系。这样甚至可以在企业建立初期就固定供货渠道，与诚实可信、具有实力的供应商建立长期稳定的合作关系。采购人员无须与供应商进行磋商，只要将购货订单发给供应商，供应商就会保质保量按时将物料送至企业，从而大大降低采购成本。

2. 零库存的缺点

（1）由于采用零库存管理方法，一旦供应链被破坏，或企业无法在很短的时间内根据客户需求进行生产调整，企业生产经营的稳定性就会受到影响，经营风险会加大。

（2）零库存的实行需供应商能保证按照合同约定，进行频繁、小量地配送，因此，供应商可能要求额外加价，企业则可能丧失从其他供应商处获得更低价格的机会收益。

综合考虑优缺点可见，零库存管理模式要求从原材料采购到产成品销售的每个环节都密切衔接，确保中间环节不会出现问题，以便有效降低成本、实现精益供应链运转。

因此，集合零库存的优点与缺点，丰田构筑了精益供应链的实施方案，包括根据供应商距离设置物流、召开供应链物料协调会议、计划互动、现场改善等措施，让供应链的信息能有效畅通传播，从而降低风险成本。

7.2 精益供应链零库存的实施策略

做事，需要办法，但首先得有想法。

零库存状态的实现，有赖于具体的方法，也离不开相关策略在企业运营过程中的周密部署与严格实施。企业应从以下角度，设计和运用这些策略。

7.2.1　JIT 采购、JIT 运输

实现零库存的相关策略中，JIT 采购、JIT 运输是最直接的方案策略。

1. JIT 采购

为实现零库存，仅仅在企业内部实施 JIT 生产还不够，应更进一步推进 JIT 采购。这意味着当企业自身适应了 JIT 生产操作后，将会对供应商发出准确信号进行采购，从而更有效地将 JIT 思想扩展到供应商处。

因此，企业应通过内部的 JIT 程序进行推广，和供应商共同采取负责态度，系统地改进原有采购模式。供应商一般应以每周预测作为企业制订采购计划的基础，并每周对系统进行维护与更新。而企业也应按预定计划，准时从供应商处提取货物。这种做法能确保企业提取物料的准时性，消除供应商送货中必然存在的不确定性以及随之产生的成本损耗，符合 OTEP 模型中精益供应链以成本为核心运行的思想。

具体而言，JIT 采购必须通过以下合作，达到零库存的理想状态。

（1）供应商参与企业产品开发与设计。

（2）企业应尽量减少供应商数量与频繁投标程序，双方应建立长期合作关系。

（3）供应商应与企业建立同样的质量保证体系，保证采购质量。

（4）双方应建立基于 Web 的生产计划和控制系统，减少信息传输时间。

（5）供应商供货应使用标准容器，避免进货物料计算方法和容器变更产生的成本损耗。

（6）企业应加大采购批量，以降低成本。

（7）企业应尽量就近选择供应商，减少运输时间和费用。

2. JIT 运输

JIT 运输是以物料为工作对象，以完成物料 JIT 流动为目的的管理理念。JIT 运输是整个供应链对客户需求同步反应的一部分，强调在时间上保证运输功能，目的是让企业能在适当地点、适当时间获取适当的物料。通过 JIT

运输，能实现与需求协调一致的产品流动，其所带来的好处是企业乃至整条供应链在运转过程中，都能保持最低的库存，进而降低供应链整体成本。

丰田汽车公司总装厂与零部件厂的平均距离为 96km，日产汽车公司总装厂与零部件厂的平均距离为 185km，克莱斯勒公司总装厂与零部件厂的平均距离为 876km，福特公司总装厂与零部件厂的平均距离为 819km，通用汽车公司总装厂与零部件厂的平均距离为 687km。从各大汽车公司总装厂到各零部件厂的平均距离可以看出，合理的布局起着十分重要的作用。丰田汽车公司这种平均距离近的优势，能充分转化为管理上的优势。该公司的零部件厂平均每天向总装厂发运零部件 8 次以上，每周平均 42 次。通用汽车公司零部件厂的发运频率仅为每天 1.5 次，每周平均为 7.5 次。显然，丰田汽车公司在零库存方面比通用汽车公司更有优势。

建立 JIT 运输策略，需遵循以下原则。

（1）运输即时性原则。企业内外的运输，都应按照节拍及时配送上线。这是最基本也是最需加以保证的元素。通过即时性原则的践行，能提高物流频率、减少物流批量、降低库存，最终实现零库存，达到 OTEP 模型中围绕成本进行生产的精益供应链要求。

（2）需求拉动原则。实施 JIT 运输策略时，同样需以客户需求为核心进行拉动式管理。客户需求是 JIT 运输的源头，当企业未获得明确的客户需求指令时，即无须向供应链上游提出运输服务指令，反之则需快速发出指令、提供服务。

（3）准确性原则。为确保 JIT 运输策略的效果，必须提高相关信息的准确性。包括准确的库存数量、准确的客户需求、准确的运输数量与品种、准确的信息传递途径等。

（4）安全性原则。在零库存管理思想下，企业物料和产品库存很少，甚至接近为零。为确保企业生产经营能顺利进行，JIT 运输必须确保安全性。企业必须致力于消除供应商交货失误、送货延迟等现象，避免由此导致整个生产系统的停工待料。

7.2.2 "牛鞭效应"规避策略

"牛鞭效应"是对供应链中需求传递与放大效应的形象化描述。信息流从最终客户端向原始供应商端传递时，链条参与者为了各自的利益最大化，无法有效地实现信息共享，使得信息扭曲并逐级放大，导致需求信息出现越来越大的波动。

牛鞭在掌鞭人的手里只要被稍微抖动，在鞭梢部分就会产生很大变化。在社会学中，事件的起始点虽然只是微小的变化，但越向上游传递，波动的幅度就越大，这被称作"牛鞭效应"。

具体到供应链中，销售过程中的需求变化放大现象也同样属于"牛鞭效应"。

宝洁公司（P&G）在研究尿不湿产品的市场需求时发现，该产品的零售数量始终稳定，波动性不强。但在考察分销中心订货情况时，却发现波动性明显增大了。对此，分销中心解释说，他们是根据零售商的订货需求量进行订货。而零售商对此解释说，为确保订货量及时可得，并且能适应变化，他们会将预测订货量做一定放大再进行订货。这样，虽然客户需求量并未出现大波动，但经过零售商、分销中心的层层放大，订货量就被一级级放大了。

众所周知，在供应链中，上级供应商是基于下级供应商的需求来决定自身的订货数量的。为应付这种不确定性带来的波动，供应商必然会根据最保守的数字进行储备，这就导致储备数量在一般情况下必然比下游的真实需求数量要多。

图 7.2-1 所示为"牛鞭效应"示意图。

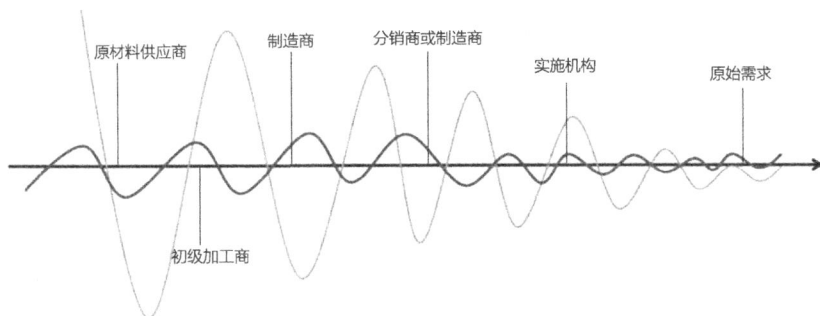

图 7.2-1 "牛鞭效应"示意图

例如，某企业需求的中心值为 10，波动范围为上下 5，这决定其供应商需按照 15 来进行备货。然而，在市场变化的推动下，企业的需求从 10 增加到 20，供应商按原有的波动比例，就需储备 30 单位的货物，变动的幅度开始加大。同理，随着供应链向上延伸，波动会由下而上逐渐加大，形成"牛鞭效应"。

在企业对供应链进行管理和引导的过程中，可以采用下面的方法来对"牛鞭效应"进行控制。

1. 提升最终客户需求信息的透明度

在许多供应链中，由于需求信息沟通不畅，上游企业只能了解其直接下游节点的订单，而对真正的最终客户的需求一无所知。为提高最终客户需求信息的透明度，企业可以采用销售点数据系统，确保上游节点的企业能及时准确了解产品最终的市场需求，过滤中间环节各自进行预测所带来的信息干扰。

2. 减少供应链流通环节

供应链流通环节越多，整个供应链内出现的理性人员也就越多，所需的安全库存也就越多。同样，这也导致产品从制造企业到最终客户的流通时间和成本增加，"牛鞭效应"也就不可避免。

减少流通环节，能减少需求信息被错误放大的程度，从而减少整个供应链系统中累积的安全库存，并更好地向最终客户做出反应。

3. 缩短提前期

缩短订货提前期，预测误差也将能得到有效减小。订货提前期能被划分为信息提前期、决策时间、制造时间、运输时间以及各个过程中存在的等待时间。针对提前期的不同组成部分，应采用不同的措施来对提前期加以缩短。

4. 消除博弈行为

如果企业处于供应商的角色，则可以采取一定方法消除下游企业的博弈行为。例如，供应企业应根据下游企业之前的销售量情况，对其进行限额供应，而不是单纯根据订单数量进行供应。同时，企业还应采取政策防止下游企业的恶意退货，避免下游企业采用夸大订单数量的方式来确保正常需求。

5. 建设战略性伙伴关系

供应链上各个企业形成战略性伙伴关系，能改变信息共享和库存管理的方式。企业之间相互合作、充分共享信息，就能减少需求方的博弈行为，并能减少由于短期博弈而造成的牛鞭效应。此外，在供应链中还可以采用第三方物流，实行小批量和多批次的补货策略，减少需求企业的库存费用，同时稳定供应商的生产。

就如丰田的战略性零部件协作厂离公司总装厂相距较近，就给各企业管理人员、工程技术人员之间的相互沟通带来便利，这种频繁的人员交流为总装厂和零部件厂的充分沟通和协作创造了条件，便于双方解决在新车型开发、技术改造和生产中遇到的问题，从而能加快新产品开发的速度、提高产品的质量，并降低经营成本。

7.2.3　仓库管理策略

仓库管理是企业物料管理的执行者。仓库的可视化管理，则是将需管理的产品用直截了当的方式来体现的方法。这种管理方法可以极大地提高物品存储管理科学化、正规化的程度。因此，运用可视化管理系统，有助于提高仓库的存储和作业效率，使其达到精益供应链系统的要求。

2016 年，上海某公司为进一步提升供应链的精益管理效率、优化仓库库存管理业务，成功开发使用了可视化仓库管理系统。该系统通过信息化技术，结合 3D 效果设计，针对公司成品仓库内的两个仓间进行可视化管理试点。

在日常的仓储业务中，系统增加了图形化展示与查询功能，使仓库管理员能更为直观地了解各类物品在仓库内的存放情况，以便其能迅速查找到某个批次成品的存放、分布情况，精准掌握物品的位置、状况和活动等信息。同时，仓库管理员通过这一系统，还能及时、准确地查询仓库的利用率，查看仓库内各个桩脚所对应的空间使用情况，按照楼、层、桩脚来了解仓库的各种统计信息。

毫无疑问，企业利用可视化仓库管理系统，不仅能提高自身的仓库管理水平，也能提高自身所在供应链的整体运行效率。

下面是可视化仓库管理步骤的要点。

1. 确立目标

可视化仓库管理的目标为实现库存信息可视化、库存货物及其状态的可视化跟踪。可视化查询结果的输出、自动生成库存操作单据，能够为管理者提供多方位和直观的统计信息。

2. 标准化建设

无标准化，也就无可视化。企业需制定颁布标准，并贯彻执行标准，以此来建立仓库计划、组织、检查、控制和协调的系列运行机制。为此，企业要切实建立和健全对仓库管理的投入标准和管理使用标准。不仅要考虑单向标准本身是否能符合最优化，还要确保整个仓库标准化系统实现最优化。

3. 条形编码技术

将物品包装上的标签设置为条形码标签，并将能接收、发放和盘点的物资数据，通过扫描装置迅速输入计算机。这不仅省时省力，还可以提高物资数据记录的准确性，实现仓库管理的可视化。

4.中心数据库建设

要充分实现仓库物资可视化管理，就必须建立仓库物资中心数据库。只有这样，企业才可能全面了解仓库物资的详细情况，从而为供应链决策提供可靠而实时的信息。

7.2.4 员工职业化素养提升

实行零库存管理，对企业的管理水平、员工职业化素养，都提出了很高的要求。由于这一管理模式追求"无库存"，与传统企业的生产经营方式大相径庭，因此很容易导致员工的不理解、不适应甚至是误解和抱怨，尤其是销售与生产部门。

因此，企业有必要面向全体员工广泛开展宣传教育，积极解释零库存作为管理思想的真实内涵，就这一管理模式能带给企业的诸多优势进行讲解，这些优势包括成本节约、管理能力提升、产品竞争优势增加、质量提高、企业核心竞争力提升等。培训后，企业还应听取员工的意见和建议，提升员工的职业化素养，从而形成推行零库存管理的良好氛围。

其中，针对供应链职业人需具体提升的职业素质，包括以下内容。

1.良好的精益化素质与职业道德

作为企业的物流仓储管理人员，供应链职业人需认真学习OTEP模型精益化供应链思想与逻辑，牢固树立"企业利益至上、消费者利益至上"的行业共同价值观。抵制各种懒散和"差不多"心态，将高度的敬业心和责任感、细致的工作作风等融入日常工作中，在思想上、行为上紧跟精益化供应链战略，适应市场成本竞争新形势的要求，沿着正确的方向完成好本职工作。

2.扎实的物流仓储专业素养

现代物流是一门非常专业的学科，尤其是面临"零库存"要求时，不仅仅是配送和保管那么简单。企业应要求供应链职业人熟悉以下专业知识，并提高个人素养。

（1）行业知识。主要包括行业动态、行业信息、行业发展方向等。

（2）仓储运输知识。不仅包括进出库、堆码摆放等方面的知识，还包括库存管理、信息化控制、打码、包装、维修等环节的知识。

（3）财务成本管理知识。为实现以成本为核心的精益供应链构建，供应链职业人应具备对物流仓储环节进行成本核算分析的能力，以进一步降低损耗、减少配送成本。

（4）安全管理知识。由于零库存实际上增大了企业经营的部分风险，供应链职业人应掌握一定的车辆管理、火灾防范、安全保卫等知识，同时也应了解与此相关的法律法规知识。

3. 良好的团队精神

零库存管理结构为网状结构。网络中任何一个作业点出现问题，如未能及时得到妥善解决，都可能造成企业运营的瘫痪。因此，供应链职业人应具备强烈的团队合作精神，不仅要能做好本职工作，还要能随时积极同其他部门配合，使上下游协调一致。这样，才能实现零库存的管理目标。

4. 组织管理和协调能力

在实行零库存管理的过程中，供应链职业人需具备较强的组织管理能力，要能在整合企业内外资源的基础上，有效贯彻精益经营理念，充分利用组织管理能力来满足终端客户需求。

5. 熟练的信息化应用能力

为实现零库存的目标，信息化应用起到非常关键的作用。库存、物料、产品、资金的流动都要准确通过信息流来加以体现。为此，供应链职业人必须熟悉现代信息技术在物流作用中的应用状况，并要能加以综合使用以提高效率。

6. 突发事故处理能力

突发事故处理能力是衡量供应链职业人综合素质的重要指标之一。供应链职业人需具备较强的处理突发事故的能力，并具有能随时作业的意识和能力。

7.3 精益零库存管理的实现途径和方法

有想法，还得有办法。

正如前文提到的那样，供应链管理的优劣，体现为库存水平的高低。零库存管理不仅是管理思维模式，也是切实可行的供应链管理方法。要想从精益零库存管理中受益，企业必须找准实现途径和方法。

7.3.1 无库存储备方式

无库存储备是指依然保持储备，但不采取库存形式，以此达到零库存的理想管理状态。

从传统库存管理转变为无库存储备的方法，主要有以下几种。

1. 提高计划准确性，减少库存批量订购

在制订储备计划时，应以储备定额为基础减少库存批量订购。因此，企业应根据当前资源可利用情况，结合自身目前生产任务，增加计划准确性、保证计划全面性。在采购物资时，可逐步减少库存批量订购，从而缩减成本，减少库存积压，加速物资周转。

2. 推动生产和需求吻合，降低库存

只有企业的生产与需求相吻合，才能实现无库存储备。在生产时，既要满足需求量，又要考虑当前库存量，应尽量减少库存，保证依据需求生产，以实现均衡。

3. 减少安全库存

安全库存又称为保险库存，是指为防止由于不确定因素（订货期间需求增长、到货延期）带来的缺货，而设置的一定数量的库存。

减少安全库存，需企业按照数理统计理论进行。首先，企业应假设库存的变动是围绕平均消费速度变化的，其中大于平均需求量和小于平均需求量的可能性各占一半，缺货概率为 50%（数据可以根据企业实际情况设定）。

安全库存越多，缺货可能性就越小，但剩余库存出现的可能性也就越大。

因此，企业应结合不同物品的用途与客户的要求，随时将缺货水准保持在适当水平，在确保安全的前提下，允许一定程度的缺货现象出现。在此基础上，可以根据客户需求量固定、客户需求量变化、提前期固定、提前期发生变化等情况，利用正态分布图、标准差、期望服务水平来不断减少安全库存。

7.3.2 委托存储和保管货物方式

委托存储和保管货物也是推进零库存管理的重要方法。其中最典型的是供应商管理库存（Vendor Managed Inventory，VMI）策略。该策略指企业和供应商之间应建立一种合作关系，在相同的目标框架下，由供应商管理企业的库存。

VMI 策略体现了合作与集成的思想，更适用于原材料紧缺、价格变动较大的制造行业。这一策略有利于企业实现零库存，同时也有利于供应商大幅度减少库存、扩大市场份额并提供更好的服务。

1.VMI 策略的价值

（1）减少库存。VMI 策略是指由供应商管理在企业处的库存，或者代表企业持有库存，当企业需要时就运送过去。无论哪种方式，企业都能有效获得库存。将这一策略的理念运用于不同领域，能实现"适时配送"和"有效客户反应"。实际上，VMI 策略是一种在企业和供应商之间进行合作的策略，以对双方而言都是最低的成本来优化库存，在一个相互统一的目标框架下由供应商管理库存。

（2）合理配置仓储资源。VMI 避免了供应链上不同企业单纯根据自身需要而独立进行运作的问题，也避免了重复建立仓储设施造成的浪费，有利于仓储资源的合理配置。

2.VMI 策略的原则

VMI 策略的关键内容，主要体现在以下几个原则中。

（1）合作精神原则。实施该策略时，企业和供应商之间的相互信任和信息透明非常重要。只有供应商和企业都具备较好的合作精神，才能相互保持良好的合作。

（2）互惠原则。VMI策略并不是解决成本如何进行分配的问题，而是解决如何减少成本的问题。该策略的设计和使用，能成功减少双方的成本，达到互惠互利的双赢局面。

（3）目标一致性原则。在VMI策略下，双方都应明白各自的责任，并应在观念上达成目标一致。其中包括库存放在哪里、什么时候支付、是否需要管理费、要花费多少等具体目标，并应体现在双方的框架协议中。

3.VMI策略的主要做法

（1）定期补充库存。VMI策略最基础的做法是由供应商定期为企业的仓库补货，使其维持预定的水平。另一种形式是将企业计算机系统的相关信息下载到供应商计算机系统中，通过网络数据交换来分析特定库存产品，由供应商形成补充决策。

（2）寄销产品。供应商对即将提供给企业的产品进行预估和分析，获知其数量，并将产品保存在己方或专用的储存仓库中。当企业需要时，由供应商送到企业指定地点。在这种策略的管理下，企业并不需要支付库存管理费用，并能拥有及时服务所产生的利益。

（3）支持管理。企业应要求供应商将其自身的职员派往企业处，进行对库存的实际管理。在这种情况下，供应商通过职员监控库存，并在需要的时候及时补充库存。此外，供应商还应通过高层之间的协作，参与到企业采购战略的制定中。

4.实施方法

（1）建立信息共享机制。企业应主动与供应商进行有关信息的共享。通过形成信息库，双方都能及时掌握需求的有关变化情况，从而使双方的需求预测与分析得到有效的集成。

（2）建立网络管理系统。为促使供应商能很好地直接管理库存，双方应共同建立完善的网络管理系统，确保产品需求信息和物流的畅通。其中包括确保产品条形码的可读性和唯一性，解决产品分类和编码的标准化问题，解决产品存储运输过程中的识别问题。

（3）积极建立合作框架协议。企业和供应商应通过协商，确定处理订单的业务流程、控制库存的有关参数（包括再订货点、最低库存水平）、库存信息的传递方式 [如 EDI（Electronic Data Interchange，电子数据交换）或互联网] 等。

（4）组织机构变革。VMI 策略的实施，需改变企业和供应商的组织模式。这就要求企业引导供应商的订货部门形成新的职能，负责库存的控制和库存的补给。

7.3.3 协作分包方式

协作分包主要由处于供应链主导地位的大型企业推动。在这种方式下，规模很大的主导企业与众多小型分包企业共同协作，形成牢固的协作体系。其中，若干小型分包企业进行柔性生产与准时供应，保证主导企业获得稳定、及时的物料供应，减少库存总量，取消安全库存。同时，主导企业集中销售库存，也能促使分包销售企业的产品库存有效降低。

在这种方式下，生产制造企业呈现出金字塔结构的合作形式，其中有一家规模很大的主导企业，以及数以千百计的小型分包企业。主导企业负责装配产品、开拓市场，分包企业则负责分包劳务、制造零部件、供应和销售等。

例如，分包零部件制造的企业，采用各种生产形式和库存调节形式，保证根据企业生产状况，按指定时间送货到主导企业，使主导企业不再需要库存，直接满足其销售要求。

7.3.4 适时适量生产方式

适时适量生产方式的基本思想是"只在需要的时间，按需要的量，生产需要的产品"。其核心是努力追求零库存，使库存达到最少。在控制库存方面，这一生产方式的思路是将库存看作一条河的深度，库存中的问题是河底的石头。水深时，想要弄清水底有多少石头，必须潜入水中调查。但如能减少水量，石头就能自己露出来。对库存而言，通过减少库存，存在的问题就会显露出来，并由企业针对问题提出解决方案。

通过实现生产同步化，适时适量生产方式使在制品库存接近零，工序间不设置库存，并通过看板传递信息。在制品库存的减少，能使设备故障、次品和人员过剩等问题充分暴露出来，并有利于针对问题设计具体解决方案。同样，在原材料方面，适时适量生产方式注重和供应商建立良好的关系，相互分享利润并相互信赖，以减少由于价格波动对企业造成的不利影响。这样，企业就能解决库存过量的问题，从而有效控制库存并降低成本。

7.3.5 物料需求计划方式

物料需求计划（Material Requirement Planning，MRP）由美国生产和库存管理协会在20世纪60年代提出，是以订单为基础的生产计划和库存控制系统。

物料需求计划专注于解决需求相关物资的库存控制问题。所谓需求相关物资，是指预订物资的需求与其他物资的需求，通过订单产生直接联系。从产品结构来看，一个低层次物料的需求，取决于上一层部件的需求，而上一层部件的需求，又取决于更上一层物资的需求。被需求的物资的具体需求取决于最终产品的生产数量和交货期，因此需采用物料需求计划对其进行控制，确定不同物资的需求数量和交货时间。因此，物料需求计划不仅是精确的排产系统，也是有效的物料控制系统，其目标为在确保供应的前提下，保有最低的库存量。

物料需求计划系统的运行步骤如下。

（1）根据市场预测与客户订单，编制出可靠的生产作业计划。在计划中，规定生产的品种、规格、数量与交货日期，并确保生产计划和生产能力相互适应。

（2）编制产品结构图和各种物料、零件的用料明细。

（3）正确掌握不同物料与零件的实际库存、最高安全库存等相关资料信息。

（4）正确制定不同物料和零件的采购量、交货日期、订货周期、订货批量。

（5）根据不同物料和零件的实际需求量、规定的订货批量和交货时间，向采购部门发出采购通知单，或向生产部门发出生产指令。

要想让物料需求计划更为有效，必须重视订单的推动力。在 OTEP 模型中，订单驱动也是精益供应链最主要的特点之一。有鉴于此，企业应建立对基层销售人员提报订单准确率的考核激励机制，并通过对各部门进行同步考核的方法，使订单在企业内部传递得既快又有效。这就需打破原有组织的内部平衡，使各个部门、岗位之间形成相互咬合的链条关系，形成内部市场机制。这样，就能打破原有壁垒，使各部门和各岗位之间形成新的市场与客户关系，所有部门的中心都集中在订单满足方面，避免失真情况发生。

7.4　精益供应链中的运营成本控制

成本控制是精益供应链的核心。前文介绍了实现零库存的策略与方法。从 OTEP 模型的架构来看，要实现企业交付与仓储总运营的目标，企业应从更高、更系统的供应链视角俯瞰整个精益运营成本。

7.4.1　如何把握客户需求信息

需求错了，后面流程中涉及的成本就全都会出问题。

一直以来，在供应链成本的管理中，采购、生产等前端职能部门的成本控制任务更受重视，而营销部门通常被看作为企业"赚钱"的部门，企业对该部门进行成本控制的意识并不强。由此很容易导致营销成本控制被忽视。

想要解决营销过程中成本浪费的问题，企业需学会把握客户的需求信息。只有从市场上铺天盖地的信息洪流中有意识地筛选出对企业有用的部分，企业才能将营销成本控制纳入整个供应链的成本控制中。当企业仔细研究了客户在购买过程中的需求层次，就能通过营销直接和客户就其真实需求进行沟通，而不是茫然地介绍产品。同样，当企业基于需求信息对客户进行价值分类后，就能根据客户需求提供不同层次的营销服务和产品价格。

了解客户需求应从真正了解客户开始，有些企业更是需要全面整理客户信息。哈维·麦凯先生是美国麦凯信封公司的创始人，哈维·麦凯先生发明的客户资料表格"麦凯66"，可以帮助企业将收集到的客户信息系统化。下面是很多企业把握客户信息的方法。

1. 正确处理客户信息

对客户需求信息的处理，包括以下步骤。

（1）确定收集客户需求信息的基本方针和实际目标。

（2）在企业内外实行客户信息收集的激励制度。

（3）确定领导者具体的业务分工和职责分担。

（4）制作详细的信息收集报表，并提供给信息收集部门。

（5）根据收集到的经过分析的信息，确定扩大营销的基本方针。

（6）对需求信息报告进行分类归档，便于日后参考使用。

2. 部门职能分工

根据不同部门的工作职能，将处理客户需求信息的任务加以分拆，分配给不同部门的分管领导，从而实现客户需求信息的全方位开发和利用。

例如，要求营销部门进行需求信息收集工作基本方针和调查规范的制定，并负责组织学习、实施；要求人力资源部门和营销部门联合，对需求信息收集整理人员开展培训和日常管理工作；企业分管营销的副总，在进行综合分析的基础上，将不同的客户需求信息的使用价值做出排序，并及时提供给相关部门；企业其他职能部门将近期工作重点、计划方针和所对应的客户需求信息，及时通报给营销部门等。

3. 正确使用需求信息

收集和了解客户需求信息，是降低营销成本、与客户建立长期关系的基础。想要更好地利用客户需求信息，应采用下列几种方法。

（1）确保负责销售、询问、咨询服务、订购流程、处理抱怨、客户服务的员工，拥有足够的客户需求信息资料，以便他们能在终端营销中更好地了解客户，能随机应变地开展工作。

（2）侧重于了解客户的购买周期，根据其购买周期制订精准的营销计划，确保周期与计划同步，从而获得成本优势。

（3）积极研究并提供符合客户实际需求的产品或服务，这样就能让企业以更小的营销成本获得更大价值的客户购买力。

7.4.2　如何缩短订货周期

订货周期，又称为订货提前期、订货间隔期。指两次订货的时间间隔或订货合同中规定的两次进货之间的时间间隔。对供应方而言，订货周期的长短，直接决定了企业最高库存量和库存水平的高低，也就决定了库存的费用。过长的订货周期，会导致企业库存水平过高，进而影响企业对供应链的精益化管理。更重要的是，客户订货周期的缩短，也意味着企业营销物流管理水平的提高。

1. 影响因素

订货周期的变化，主要受到以下几个变量的影响。

（1）订单传送时间。即客户发出订单到企业收到订单的时间间隔。企业可以应用计算机电子数据交换（EDI）技术向供货方订货，或者通过互联网直接订货发货，能大大缩短订单传送的时间，提高订货效率。

（2）订单处理时间。指对客户订单进行处理并准备装运的时间，其中包括客户的资信调查、销售记录处理、订单移交、装运文件准备等所需的时间。企业内部可以通过有效利用电子数据设备，同时处理各项工作，以提高订单处理效率。

（3）订货准备时间。订货准备时间是指挑选订货，包装并进行装运准备的时间。不同的搬运系统会对订货准备时间产生不同影响，企业的领导者需从成本与效益的角度，对订货准备时间进行综合考虑。其中尤其应关注的是挑选时间和包装时间，其影响因素主要包括系统的自动化程度、客户订货的复杂程度、分拣技术设备的性能和速度等。

（4）订货装运时间。主要指订货自装上运输工具到客户在目的地收到订货的时间间隔。装运时间的长短与装运规模、运输方式和运输距离等都有密切关系。

2. 缩短前置期

在制造企业中，不同岗位有不同的职责与需求反馈时间。因此，不同岗位对订单周期的理解会有所差异。下面是企业需注意缩短的前置期种类。

（1）物料采购前置期。指企业从发出采购订单到收到货物的时间长度。要想缩短该时间长度，企业需调整与供应商的合作策略，并影响供应商的生产策略。

（2）研发前置期。指开发和设计的时间长度。在订货型生产中，对产品的研发设计会占用较长时间，例如模具设计、机械设备设计等。

为缩短研发前置期，企业应让供应商尽早参与到新产品的设计开发及持续改进中。供应商越是能早期参与，企业就越能快速选择出产品方案中最合适的部件、材料、技术和服务。在实践中，供应商早期参与的产品开发项目，其订货周期平均能缩短 30% ~ 50%。

（3）生产前置期。指实际生产产品所花费的时间长度。在制造企业内部，大部分生产周期指内部生产时间，不包括物料采购时间，但包括生产换线时间、等待时间等。在订货型生产中，生产前置期越长，订货周期就越长。而在备货型生产中，生产前置期越长，库存占用就会越大。

为缩短生产前置期，企业应将整个生产制造过程进行分解，分解为有价值和无价值的步骤与内容。通过交货过程内的价值流分析，消灭或减少其中的非增值活动。对于其中能产生价值的工作，企业要想办法提高效率。对于不产生价值的工作，如是必需工作，就应尽量提高效率，否则就要坚决加以删除。

在生产前置期的管理中，有大量被实践证明行之有效的方法来缩短订货周期。例如，小批量订单生产交付、并行工艺生产、以生产部门布局优化消除搬运时间、进行快速换线、提高一次性合格率从而消除检验时间、消除或减少等待时间、均衡生产、培养多能员工等。尤其应注意的是，如采用增加库存的方法来缩短订货周期，就必须积极确定库存水平及库存结构，选择其中成本与风险相对较小的方法。

7.4.3 外包运输物流总成本精益管控

Y 公司在选择运输商时，由于一度无法找到优秀的运输商，就任意选择了一家，导致运输过程异常情况频发、客户投诉率上升。因此，Y 公司在面临运费上涨的情况下，决定进行重新筛选和考核，以选出优秀的运输商并与之形成紧密合作关系。

Y 公司在筛选运输商时，首先判断对方是否具备承担运输物流的核心能力，选择出其中几个运输商作为初选运输商。随后，根据运输商综合评价指标体系，对初选运输商进行分析和评估，运用层次分析法，算出各个初选运输商在全部运输商排名中的相对权重。Y公司再采用直接邀请的招标方式，与其中排名最高的运输商进行协商，达成协议后，签订合作合同。如Y公司和其中排名最高的运输商协商不成，就会选择邀请分值排名其后的运输商，直到和其中一个或多个运输商达成协议为止。

以Y公司的方法体系为例，企业在筛选和考核运输商的过程中，应注意以下要点。

1. 内部准备

为完成上述工作，Y公司必须首先做好内部准备工作，并和运输商事先沟通。Y公司成立了一个小组，专门对运输商进行评价，小组成员以运营部人员和需运输商服务的营销部门人员为主，还包括了市场部、支持部的人员。

2. 评价指标

在具体的综合评价指标体系建构中，Y公司根据公司精益成本管控目标设定了如下7个标准。

（1）运输商的运输作业能力。主要指运输商拥有的可控运输工具资源的多少，用于运输作业的人力资源的多少，以此了解运输商对特殊的运输计划能否及时完成、车辆是否可控、对异常情况能否及时进行协助处理。

（2）运输商的运输服务作业质量。主要从发车及时率、到货及时率、货物完好率和是否有客户投诉等方面进行衡量评价。

（3）物流作业成本。用该运输商的报价除以运输行业平均运输价格与成本，并与成本进行对比衡量。该指标越低，表明该运输商的报价越具有竞争力。

（4）合作关系。主要从运输商对合作关系的态度、能否着眼于未来和交易合作的频繁程度3个方面进行衡量评价。

（5）运输商的资质与规模。为确保运输服务的质量，并有效降低经营风险，运输商应具备一定的资质与规模，一般来说规模应越大越好。

（6）物流信息的可获取性。主要从运输商能否敏锐发现市场行情变化并及时进行反馈等能力进行衡量。

（7）运输商的服务态度与企业文化。主要从运输商能否以良好态度提供优质服务、是否拥有良好而且同本企业文化相符的企业文化进行衡量。

3. AHP 权重筛选

在经过综合评价指标体系的初步筛选之后，Y 公司应继续与候选者接触，利用 AHP（Analytic Hierarchy Process，层次分析法）进行第 2 轮筛选。

使用 AHP 进行筛选，需经历以下步骤。

（1）建立系统的递阶层次结构。

（2）构造两两比较判断矩阵。

（3）针对某一特定标准，计算各备选元素的权重。

（4）计算当前一层元素相对总目标的排序权重。

（5）进行一致性检验，并得出最优方案。

事实证明，经过筛选考核选出的运输商，在运作中质量稳定，到车、到货及时率大大提高，未出现一起客户投诉，实现了在整个物流服务链条上 Y 公司、运输商和客户的多赢局面。

7.4.4　如何改善搬运作业

搬运作业是指企业在生产和营销过程中自运输系统装卸货物、从卸货点搬运至物流中心、物流中心内搬运和物流中心取出货物等作业。所有的货物搬运除了增加营销成本外，无法增加产品的价值，因此企业必须尽可能减少货物搬运的次数和时间，以有效降低营销成本。

图 7.4-1 所示为营销流程中搬运作业发生的节点。

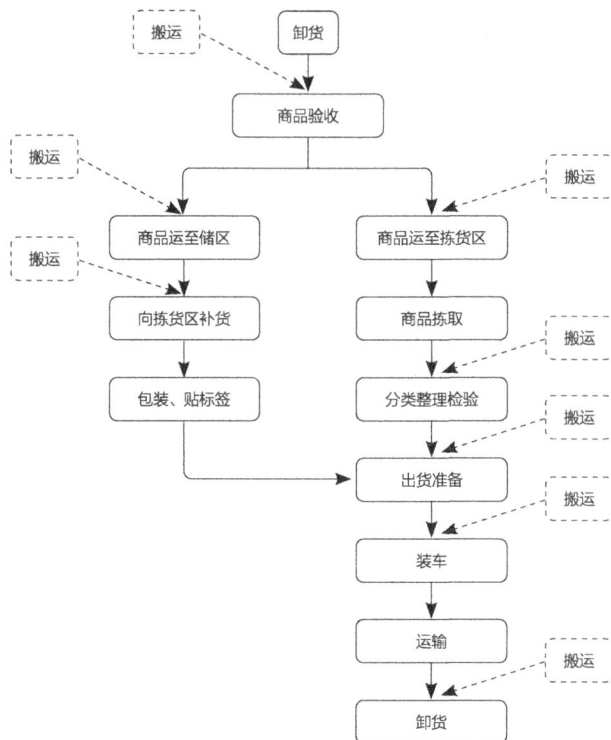

图 7.4-1　营销流程中搬运作业发生的节点

可见，如此之多的搬运环节，如不得到有力的改善，必定会造成营销成本的浪费。

1. 改善搬运作业的原则

改善搬运作业有以下两大基本原则。

（1）距离原则。搬运距离越短，移动越经济，对成本影响越小。

（2）数量原则。每次移动的货物数量越多，移动每单位货物所付出的成本就越少。

2. 改善搬运作业的因素

在改善搬运作业的过程中，需考虑以下 5 项因素。

（1）搬运的对象。主要指搬运物，确保在整个作业过程中各环节点都要不断收到正确、适量而且完好的货物，同时要保证搬运设备能匹配搬运的货物量，避免增加设备产能的耗费成本。

（2）搬运的距离。主要指搬运的位移及长度。位移主要包括在水平、垂直、倾斜方向上的移动。而长度则指位移的大小。在效率良好的搬运过程中，需使用最低成本、最有效的办法克服搬运位移、长度方面的实际障碍，从而尽快将所需的物件送到指定场所。

（3）搬运的空间。无论是货物、物料还是搬运设备都会占据空间，在企业进行系统规划时，必须预留足够的搬运空间，才能达到搬运的目的。然而，空间的分配会导致搬运系统效率受到极大影响，因此必须充分利用厂房空间才能促使搬运作业获得改善。

（4）搬运的时间。搬运时间包括总耗费时间和完成任务的预期时间。想要让这两项时间控制在规划范围之内，就必须配备适当的机器设备和运作方式，使货品能在恰当的时间到达确定的地点，避免影响后续作业效率、增加仓储成本。

（5）搬运的手段。针对搬运对象，必须采用适当的搬运手段，促使搬运过程在有效时间内利用有效空间达到有效移动。因此，企业需秉持经济和效率两大原则，找到平衡各因素的关键点，满足搬运效率的现实要求。

表 7.4-1 所示为改善搬运作业的原则和方法。

表 7.4-1　改善搬运作业的原则和方法

因素	目标	想法	改善原则	改善方法
搬运对象	减少总重量、总体积	减少搬运次数减少重量体积	尽量废除搬运	调整厂房结构
				合并相关作业
			缩减搬运量	缩减搬运量
搬运距离	搬运距离	减少回程	废除搬运、顺道行走	调整厂房结构
		回程顺载	掌握相关流程	调整单位结构
		缩短距离	直线化、平面化	调整厂房结构

续表

因素	目标	想法	改善原则	改善方法
搬运距离	搬运距离	减少搬运次数	单元化	利用栈板和货柜
			大量化	利用大型搬运机
				利用中间转运站
搬运空间	减少搬运使用空间	减少搬运次数	充分利用三度空间	调整厂房结构
		缩减移动空间	减小设备回转空间	选用合适设备，减少空间占用
			协调搬运时机	安排时程规划
搬运时间	缩短总时间	缩短搬运时间	高速化	利用高速设备
			争取时效	搬运均匀化
		减少搬运次数	增加搬运量	利用大型搬运设备
	掌握搬运时间	预算预期时间	时程化	控制时程规划
搬运手段	利用经济效率的手段	增加搬运量	机械化	利用大型搬运设备
			高速化	利用高速设备
			连续化	利用输送带等连续设备
		采用有效管理方式	争取时效	均匀化搬运
				循环往复搬运
		减少劳力	利用重力	使用斜槽和滚轮输送带等重力设备

3. 改善搬运作业的技巧

在改善搬运作业的过程中，还包括以下措施与技巧。

（1）防止与消除无效作业。无效作业是指在装卸作业活动中那些不必要的搬运作业。为有效防止和消除这一类型作业，应从尽量减少装卸次数、提高被装卸物品的单一程度、优化包装方面入手。

（2）选择合适的搬运路线。搬运路线通常分为直达型、渠道型和中心型3种。根据有关货物和厂房的特定路线，选择出最合适的搬运路线加以应用。

（3）提高灵活性。搬运灵活性是指装卸作业的难易程度。灵活性越高，搬运的难度就会变得越低。在搬运货物时，应事先考虑物品的装卸作业是否方便。

（4）推广组合化装卸。在搬运作业的过程中，应根据不同物品的种类、性质、形状和重量的特点，确定不同的装卸作业方式并将其进行组合，从而获得最优化的装卸能力。

7.4.5　如何合理规划厂址和仓库

在营销成本的管理中，企业布局的规划有着重要影响。其中，对厂址和仓库的规划，直接决定了企业运营所付出的成本和获得的利润。

1. 厂址规划

企业工厂和仓库的地址规划是指运用科学方法决定企业的地理位置，使企业的整体经营工作系统能有机结合，以便达到企业的经营目的。

厂址选定时，首先应关注是否更加接近市场。这里的市场概念是广泛而不同的，可能是指一般消费者，也可能是指配送中心，还有可能是指其他企业，需结合营销目的而定。以接近产品目标市场设置厂址，能有利于产品迅速投放，也能便于降低运输成本。

其次，应关注是否接近原材料供应地。如从事对原材料依赖性较强的产品项目，企业就应格外重视这一原则。同时，根据产品、原材料和零部件的运输特点，再选择应更加接近铁路、港口还是其他交通枢纽。

最后，厂址的选定和规划，还要考虑劳动力资源、基础设施条件、气候条件、政府政策等因素。如忽视了其中某一重要因素的影响，则可能会造成难以挽回的严重后果。

2. 平面布置的分析

（1）生产物流分析。高效的物流不仅能符合生产工艺和产量变化的要求，同时也能保证生产连续、均匀和顺畅。根据这一目的建立的厂房和仓库，其生产与搬运物流不会间断、波动，能符合生产从最初工艺到运输出厂的全部过程要求。

（2）活动范围分析。在进行厂址和仓库的布置和规划时，除了从生产物流角度来规划部署之外，还需参照活动范围的联系程度来进行规划。

例如，企业应分析物流活动范围的相互关系，以此为依据将活动范围和生产、运输、营销的流程展示在线图上，将这些活动范围转换成为位置关系。还可以在此基础上估算生产经营活动范围的必要面积，并依据可利用的空间进行调整，计算出能列入规划方案的面积，设计出区间相互关系等图纸方案。

3. 仓储物流规划

仓储规划方案，需能实现以尽可能低的营销成本，实现货物在仓库内外迅速而准确地流动。达到这一规划目标，需遵循如下原则。

（1）系统简化原则。企业应根据物流标准化，做好包装与物流容器的标准化，将散装、外形不规则的货物组成标准的储运集装单元。这样能有利于仓储系统中不同环节的协调配合，进行中转等作业时不用换装，能减少搬运作业时间。

（2）平面设计原则。在无特殊要求的情况下，仓储系统中的物流应在同一平面上实现。这样能减少不必要的安全防护成本。

（3）物流和信息流分离原则。在传统营销物流中，物流和信息流的结合使用，能有效解决物流流向的控制问题，并提升了作业准确率和效率，但也造成了大量安装和使用物流信息识读装置所带来的冗余成本。在仓储实际规划中，应尽可能利用使物流和信息流分离的工具，将营销所需的信息流以此进行识别，通过计算机网络传到各个节点，从而降低物流系统为营销服务的成本。

（4）柔性化原则。仓库的规划、建设和购置，需要企业投入大量资金。为确保仓储系统能高效工作，企业需配备针对性较强的设备和能力较强的管理团队。但市场实际需要的不断变化，可能导致仓储货物的品种、规格和搬运模式发生改变。因此，在最初规划时，企业应关注仓储机械化系统的柔性和未来扩大经营规模的可能性。

第 8 章
精益供应链低成本物流实践

数据表明,消费者购买一个产品所支出的费用的25% ~ 40%是支付物流成本,降低物流成本对实现精益化供应链至关重要。

从企业盈利关系来看,供应链是逻辑关系,物流则为物理关系。精益供应链设计框架最终是为打造精益供应链、突出低成本中心逻辑,所以必须打造精益物流。依据OTEP模型的思想,围绕低成本竞争定位、突出按订单生产的方式,进而形成精益物流,能迅速提高精益供应链的运营效率。

8.1 什么是精益物流

在企业盈利的 OTEP 模型中，根据企业竞争战略与产品品类属性，将供应链战略细分为 4 种类型，每一种供应链战略都有一种物流实践方案来呈现与支撑。所以从企业盈利关系来看，供应链是逻辑关系，物流则为物理关系。精益供应链管理涉及物流、精益信息流与精益资金流，物流的物理支撑性在供应链管理中发挥着重要作用。从理解精益物流的角度出发，可帮助企业更好地理解精益供应链是如何在企业中运用实践的。

8.1.1 精益供应链中的物流

随着个性化、差异化市场的竞争加剧，现代企业的生产方式从大批量生产转向精细化的 JIT 生产，由此推动精益供应链的构建形成。因此，物流管理也需跟随供应链整体转变运作方式，实行 JIT 供应和 JIT 采购。另一方面，客户需求变化得越来越快，企业需以最快速度将产品送到客户手中，以提高企业迅速响应市场的能力。这些都要求企业在精益供应链的背景下，提升物流系统的协调运作能力，以提高供应链的敏捷性和适应性。

由于精益供应链的发展，物流管理体系具有如下新的特征。

1. 迅速扩展

精益供应链的管理体系，实质是以核心企业为中心进行扩展，表现为企业之间战略联盟的形成、资源的充分利用和共享、群体内的合作竞争、上下游环节之间的同步运作等。这些特点对传统物流管理体系产生深入影响，使物流的业务量和范围大为扩展，建立起多种形式的运输网络与配送中心，进一步打破了原有的地域、行业、专业之间的屏障。

2. 信息流量增加，共享信息增加

在传统物流管理体系中，各节点需求和反馈信息都是逐级传递的。因此，上级供应商不能及时掌握市场信息，反应速度比较慢，导致需求信息出现扭曲。

与传统物流管理体系相比，精益供应链环境下的物流管理体系，其信息流量大为增加。在这样的体系中，需求信息与反馈信息不再是逐级传递，而是网络式传递。通过电子数据交换系统或互联网系统，企业能很快掌握供应链上不同环节的供求信息和市场信息。实际上，在这样的物流管理体系中，需求信息、供应信息和共享信息是以同步化、网络化的方式传递的。尤其是共享信息的增加，对精益供应链管理至关重要，只有做到充分的信息共享，供应链上各节点的企业才能在第一时间掌握市场需求信息，了解整个供应链的运行情况，避免需求信息的失真。

3. 规划能力增强

得益于精益管理思想的指导，物流网络的规划能力充分增强。在精益供应链背景下，企业充分利用第三方物流系统、代理运输等多种形式的运输和交货手段，降低了企业自身的库存压力，也合理降低了安全库存水平。同时，物流流程内作业方法的快速重组能力的增强也提高了物流系统的弹性。

4. 成本观念革新

在精益供应链背景下，有着新的物流成本观念：在满足客户需求的基本前提下，尽量使整个供应链物流的成本最小化。这意味着一方面要寻求企业内部物流总成本的最小化，另一方面要由企业主动协调供应链伙伴之间的物流运作，寻求供应链物流整体成本的最小化。

在传统物流管理体系中，上下游企业伙伴之间的物流成本存在着零和博

弈关系。例如，沃尔玛最初为实现零库存目标，要求供应商必须在其物流中心附近设立仓库并持有高水平库存，这一要求导致供应商的物流成本大幅增加。但随着供应链管理技术的精益化，沃尔玛主动与供应商共享销售和库存信息，指导供应商同步生产和补货，用信息替代库存，降低了整个供应链的物流成本。

8.1.2　如何实现精益物流

精益物流是起源于日本丰田汽车公司的物流管理思想，其核心在于消灭包括库存在内的所有浪费。

从时间及空间上重新规划企业的运作流程，以提高客户满意度，是企业目前面对的紧迫任务。要么重构，要么被淘汰，企业已经站在精益供应链管理的"十字路口"。具体而言，精益物流的目标，在于根据精益型客户的需求，提供能让其满意的物流服务，并将物流服务过程中的浪费与延迟降到最低水平，不断提高物流增值效益，降低物流成本。

在传统物流活动中，浪费现象很多，常见的包括客户不满意的服务、无需求造成的货物积压、多余的库存、实际不需要的流通加工程序、不必要的物料移动、供应链上游无法按时交货或提供服务而造成的等候、提供客户不需要的服务等。努力消除这些浪费现象，是精益物流最需重视的内容。

1. 精益物流系统的特点

成熟的精益物流系统通常具有如下 4 个方面的特点。

（1）拉动型。客户需求是精益生产的动力源，也是价值流的出发点。在物流系统中，价值流的流动同样需要下游客户来拉动，而不是依靠上游的推动。建设拉动型的物流系统，意味着当客户未发出真正需求指令时，上游不提供任何物流服务；而当客户发出需求指令时，上游能迅速提供服务。

（2）高质量。在精益物流系统内，电子化的信息流相比于传统信息流，更迅速、更准确无误，还可以有效减少冗余信息的传递。因此，在精益物流系统内，作业环节被减少、操作延迟被消除，可以准时、精确、迅速地提供高质量的服务。

（3）低成本。由于采用了精益思想，物流系统通过合理配置资源，能充分合理地运用各个企业的优势和实力，进行迅速反应和 JIT 生产，消除人员、操作和设施设备等资源的浪费，将物流服务的成本控制在较低水平。

（4）不断完善优化。由于与物流系统相关的管理者和员工理解并接受了精益思想的精髓，因此领导者能制定让物流系统实现精益效益的决策，并在执行过程中不断加以改进，实现全面物流管理。

2. 精益物流的管理

为做好精益物流管理，企业需注意以下几点。

（1）严格遵循拉动概念。精益物流的建设需严格遵循拉动概念，以最终需求为起点，从后向前进行补充生产。即便在企业内的生产流程安排方面，也需使生产制造过程保持平稳，即让生产制造过程保持安定、标准和同步。

（2）重视人力资源的利用。精益物流要求重视人力资源的开发与利用，包括对员工的培训，使其拥有多种物流管理技能；充分赋予作业现场员工处理问题的权责，确保不将不良品移送给下道工序。正是借助于对人力资源的开发和利用，精益物流管理才能使员工具备团队精神，从局部到系统实现优化。

（3）小批量生产。小批量生产可谓精益物流的亮点。这种生产方式的优势在于减少在制品的库存、便于进行现场管理。在生产进度安排上，允许具有一定弹性，生产安排能按照市场实际需求的变化，进行迅速、及时的反应。同时，小批量生产也需企业上游的供应商具有小批量、及时、频繁地供货的能力。

（4）建立长期合作伙伴关系。精益物流管理要求企业的供应商能在需要的时间提供需要的原材料。在此基础上，企业要求供应商能对订货的变化进行及时、迅速的反应。为此，企业需选择少数优良供应商，与他们积极建立长期可靠的合作伙伴关系，相互分享信息，共同协作解决供应链问题，实现双赢。

（5）决策层支持。精益供应链下的先进物流管理方法，需得到企业最高决策层的全力支持。领导者必须摒弃"库存是企业经营必不可少的"这一传统想法，而要将库存看成另一种形式的负债和浪费。

这是因为精益物流管理要求对企业的整个体系进行重建，这需要大量时间和资金的投入，也存在较大风险。如果缺少企业领导团队的支持，就无法采用精益方法，或者即便采用了精益方法，也可能因为部门之间的博弈对立或资源分散，无法发挥精益思想和做法的优势。

8.2 厂外物流如何实现精益化管理

厂外物流能否实现精益化管理，会在很大程度上影响厂内物流乃至整条供应链的精益质量。企业必须从采购物流、第三方物流和物流信息 3 个方面，促使厂外物流全面实现精益化管理。

8.2.1 采购物流的精益化管理

采购物流是指企业采购过程中的物流活动。采购物流是企业物流过程的第 1 阶段，是企业生产经营活动正常和高效进行的基础和保障。采购物流的主要功能是采购，而核心内容则是围绕采购所进行的管理活动。

图 8.2-1 所示为采购物流运行示意图。

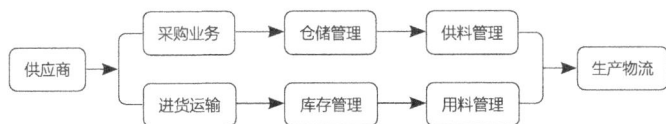

图 8.2-1 采购物流运行示意图

采购物流存在于企业的采购与供应过程中。在企业采购的过程中，企业向供应商采购所需的物资，因此必然会发生物资运输、仓储、装卸、搬运等物流活动。而在企业对所采购物资进行仓储和运输的过程中，也会发生上述活动。在企业的采购和供应过程中，良好的采购物流管理能保证企业的生产节奏，同时还能实现供应目标，并切实降低生产经营的成本。

为实现精益采购的目的，要从以下几个方面进行积极的梳理。

1. 明确采购物流计划管理策略

采购物流计划包括年度和月度计划。如果没有明确的采购物流计划安排，缺乏对采购需求的分析、对供应商的培养，就会让大量的常规性采购变成突然袭击式的临时采购，导致采购物流成本大幅上升。

采购物流计划的制订，应充分考虑整个企业的生产计划、物料需求、库存情况、历史采购价格和当前市场价格等因素，并围绕客户需求信息进行充分分析，科学地制订计划，以确保采购产品的质量和数量符合使用需求。

2. 制定采购库存管理策略

采购库存是企业采购物流管理系统能否高效、灵活运作的重要影响因素。企业在对库存进行管理时，需按照采购的物资类别设置不同的使用周期、安全库存和安全时限，并进行适时适量的采购，尤其要对高价值物资进行重点管理和严格控制，避免物资不断积压而造成资源浪费。

在具体的仓储管理上，通过日清、周盘、月结等管理方法，对库房进行定期盘点，以便企业随时掌握物资分配状况和使用情况，及时发现由管理不当而导致的积压、破损和变质问题，最大限度地减少资源的浪费。

3. 优化采购流程的内容

在精益思想的指导下，企业要对采购流程的内容进行优化，以此提升采购的效率。

在收集信息的过程中，企业采购人员可以充分利用网络等现代化信息技术，及时比对、整合所收集到的采购信息，为决策层提供有效依据。

在询价、比价、议价、评估、索样、决定、请购、订购、协调沟通的过程中，企业可以对一些重复的采购事项进行合并，实现信息反馈的一贯性和高效性。

在催交、进货验收和整理付款的过程中，企业应结合自身情况和客户需求，投入一定资源，构建采购物流的信息处理平台。

企业应充分考虑所需采购产品的规格要求等问题，在所选择的采购模式下，明确规定技术参数、质量要求、产品特性等内容，尽可能将之具体化，形成书面文件，并分门别类列出各类物资的规格要求等内容，尽可能在采购物流形成的前期就构建更多的优势。

4. 建立采购物流管理平台和决策支撑平台

为实现真正的精益物流，企业在确定了采购管理的要素之后，应围绕这些要素，建立以数据中心为核心的采购物流管理平台与决策支撑平台。通过采购物流管理平台，实现对采购物流全流程的监控、追溯、评价和借鉴。通过采购物流的决策支撑平台，为企业决策者和管理者提供数字化的依据，最终实现精益采购物流。

8.2.2 第三方物流的精益化管理

第三方物流是指物流管理的代理企业，为供应商和需求方提供物料运输、存储、产品配送等各项服务。第三方物流介于供应商和制造企业之间，是企业与供应商之间的连接纽带，也是实现精益物流管理最有效的渠道。

1. 第三方物流的选择

选择合适的第三方物流是企业精益管理第三方物流并与之进行战略合作的前提。为此，企业需考虑以下因素。

（1）成本。企业必须将外购物流资源即使用第三方物流，与使用内部物流资源进行成本比较，并根据比较结果决定是否需邀请第三方物流企业。

（2）特长与资源。企业在选择第三方物流时，必须了解他们的优势是什么，有什么资源可以使用。为此，企业应保证自身所需的外购物流功能与所选择的第三方物流企业最擅长的业务相匹配，从而更好地满足企业对物流管理的要求。

（3）服务水平。选择第三方物流时，企业应考查第三方物流服务的水平，包括是否善于理解客户的需求、是否能尽量满足客户的特殊要求、是否能适应灵活多变的环境等。

2. 第三方物流管理的内容

企业对第三方物流企业进行的主动管理，应包含以下重点。

（1）合同管理。根据合同生命周期的不同阶段，企业应分别对第三方物流企业做好以下管理工作。

①签订合同。企业选择了第三方物流企业，并与其协商后，应签订一份购买物流服务的合同。合同中应包含双方企业名称、物流服务内容、服务时间、涉及的物品数量、服务收费标准、付款方法和时间、服务要求、违约经济责任和处理方法等内容。合同必须具有上述基本内容且合同内容需详细、具体。

②合同修改和中止。双方签订合同后，在合同执行期间，由于不同因素的影响，可能需对合同进行修改或中止。

③合同执行和跟踪。在执行合同的过程中，企业必须注意对执行情况进行跟踪，随时掌握物流过程是否顺利、存在何种困难、时间进度等信息。

（2）能力管理。企业必须对第三方物流企业的资源进行了解，确认其能承接多大项目、完成多少订单，包括其运输能力、保管能力、配送能力、装载能力和设备能力等。只有对这些做到心中有数，企业才能最大限度地发挥管理能力，平衡与第三方物流企业的合作，达到最好的运作水平。

（3）信息管理。企业对第三方物流企业的管理，包括了对物流信息的管理。围绕对合同、能力、设备、安全等方面的管理，企业可以和第三方物流企业建立信息共享系统。这个信息共享系统可以是新建的，也可以是将原有的信息系统进行集成后形成的。

8.2.3 物流信息的标识与读取

物流信息的标识与读取技术，主要用于对物流运作中系统所产生的实时数据进行准确识别并采集。

1. 条码技术

（1）标识技术。条码技术早在 20 世纪 40 年代末就出现了，20 世纪 80 年代后，条码技术出现了新发展，从一维码演化为二维码，并出现了各种新型的条码读取设备。

与传统手工信息采集方法相比，条码制作简便、快捷，设备成本低。条码技术是将图形符号印刷或打印在纸质标签或产品包装纸上，也可以印刷在塑料、铁皮或木制品表面。此外，一般的条码对打印和印刷的精度要求不高，企业可以采用常见的打印机或印刷设备来制作。同时，条码技术的信息采集速度快、数据量大，利用条码技术扫描录入信息的速度大约是键盘输入的 3 ~ 20 倍，而且可靠性更高、错误率更低。

（2）识别技术与设备。条码识别设备的种类较多，根据设备的大小和使用环境，可以分为在线式扫描器和便携式扫描器两大类。

在线式扫描器通常功率较大、识别能力较强、错误率较低、数据传输速度快，缺点是必须固定在特定位置使用。

便携式扫描器通常由电池供电，在使用时先储存条码数据，然后回到主机发送数据。这种扫描器适合于在不同位置进行移动扫描，使用起来灵活、方便，但由于设备功率和体积的限制，其性能与在线式扫描器有所差距。

（3）条码应用。利用条码技术，企业可以在物料进入仓库之前，对条码信息进行先行记录，并整合物料具体信息，将其导入仓储信息数据库。在物料移动、出库、盘点时，均能使用仓储信息数据库迅速识别物料的当前位置、作业状态和进出库记录，从而提高作业效率。同时，还可以对作业信息进行汇总统计，为企业的管理决策提供依据。

此外，在物流配送环节中，由于分拣的工作量日益增加，企业必须利用条码技术来提高工作效率。例如，通过条码技术对物料进行编码并自动识别分拣目的地，从而实现自动分拣。

2.RFID 技术

射频识别（Radio Frequency IDentification，RFID）技术是一种非接触式的自动识别技术。其工作方式是将射频识别标签安装在需识别的物品上，当被识别物品进入无线射频识别系统读写器的阅读范围后，标签和读写器之间进行非接触式通信，标签向读写器发送自身的信息，读写器接受信息并进行解码，而后将信息传输给计算机系统加以处理。

射频识别系统如图 8.2-2 所示。

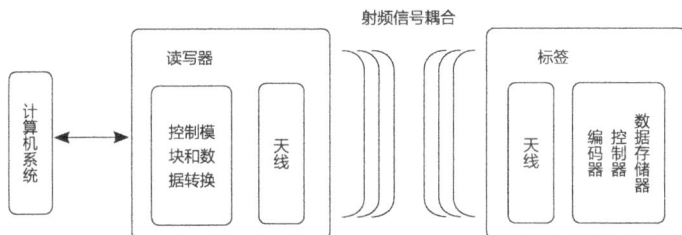

图 8.2-2　射频识别系统

（1）标识技术。标签是 RFID 技术的标识载体，其特点在于小巧轻便，甚至能弯曲，方便安装在特定物品上。根据供电方式的不同，标签分为有源和无源两种，前者内部由电池提供能量，后者以感应电路产生电流实施供电。

根据功能的不同，标签可以分为只读标签、可重写标签、带微处理器标签和带传感器标签 4 种。只读标签只能写入识别数据，永远无法更改。可重写标签能通过读写器对标识信息进行修改。带微处理器标签能实施加密识别数据等智能处理。带传感器标签能将传感器获得的数据主动发送给读写器。

（2）采集技术。读写器是负责采集或写入标签信息的设备。一旦到达读写器的信息被正确接收并解码之后，读写器就能通过校验对数据进行判断，如数据出现错误，读写器会要求重新发送数据；如数据正确，读写器将执行命令响应协议，指示发射器停止发送数据。

在实际工作中，读写器的识别多个标签的能力非常重要。例如，采用 RFID 技术统计货车出库时车上的出库物品，就需要读写器在车辆经过的几秒钟内，准确识别车上所有物品的标签信息。除此之外，连通性是 RFID 技术最重要的集成功能，RFID 技术除了能直接连接办公计算机之外，还能和工业控制系统的常用控制器集成。

3.RFID 技术的应用

RFID 技术与传统条码识别技术相比，有自身独特的优势。

（1）速度更快。RFID 技术的扫描速度更快，同时标签体积微小，可以制作成不同形状安装在物品包装上。同时，标签状态能快速修改，标签也能重复使用。相比之下，条码则无法在使用过程中修改所携带信息的状态，在使用后只能被丢弃。

（2）储存容量更大。从储存容量上看，二维条码的数据容量通常只有 2 ~ 3KB，而射频标签的数据容量一般为几十 KB 至上百 KB，最高能达到上百万 KB。这样，RFID 技术不仅能储存物品的识别信息，也能储存物品的性质、技术指标和操作记录，甚至能储存单证、合同、文件等电子档案。

利用 RFID 技术可以更加准确地追踪物品，并减少物流各环节人员的工作量。这样，就能在减少成本的同时，提高工作效率。

当然，GPS 也可以提升物流追踪效率。精益供应链管理实行得很成功的丰田，其供应商运货卡车在到达工厂大门之前，安装在车上的基于卫星的 GPS 的移动数据终端就已经将卡车即将到来的消息传递给工厂的计算机系统，同时下载指令指引司机到正确的卸货区。当卡车驶入工厂大门时，计算机系统自动记录卡车所装物品的品种和数量，并使零部件在某一工序需要前几分钟的到达装配线……丰田通过信息的实时沟通，实现了零库存的目标。

8.3 厂内物流如何实现精益化管理

在精益供应链管理落地的过程中，企业应一直关注效率的改善与提升，效率改善对成本有很大的影响。厂内物流通过精益化管理可获得的成本控制空间更大，对精益供应链战略的实现的影响也更加深远。

8.3.1 厂内物流改善的目的

厂内物流是指工厂内与采购、仓储、生产、物控等部门有关的，有形物品和无形物品在各个作业场所的物理性位置移动的相关过程。厂内物流包括时间和空间两大因素。传统看法认为厂内物流几乎被局限在仓储部门，这很容易导致人们忽视厂内物流改善的全面价值和意义。

从现代企业生产的特点、市场的总体需求两方面来看，厂内物流管理水平的积极改善能实现以下 3 个目标。

1. 消除管理盲区

所谓管理盲区，就是在传统厂内物流管理模式下遗漏的浪费点和不合理点。例如，物流成本在企业成本中究竟占据了多大比例，这是传统厂内物流管理模式无法直接分析清楚的部分。而通过厂内物流改善，这一成本的变化和所占比例能清楚地体现在财务核算结果中。

2. 节约成本

积极改善厂内物流管理水平，能为企业有效降低成本。例如，对仓库管理进行优化后，减少库存，就能有效降低仓库和人员的管理成本。

3. 增强产品竞争力

任何产品的市场价格中都包含了相当比例的物流成本。通过厂内物流的完善，可以对该部分成本进行削减，进而降低产品的市场价格。这样，产品就能在市场竞争中取得价格优势。

8.3.2 厂内物流改善的范围

日本物流管理学者西泽修曾提出物流冰山学说。通过对物流成本结构多年的研究，西泽修发现现行的财务会计制度和核算方法都不能完全体现出厂内物流成本的实际情况。其实际情况正如同冰山，大部分沉在深不可测的海面之下，露出海面的只有冰山一角。

在精益管理中，工厂 layout 设计与优化可以大幅度改善内部物流。事实证明，厂内物流改善的范围，是企业领导者对供应链进行精益改善所需关注的重点。"冰山的水下部分"则是物流需要改善的更大的范围，也正是物流改善所必须为之努力的目标。

例如，在传统做法中，厂内物流工作经常被压缩到具体部门中，很容易导致企业以仓库为中心来管理物流。这种模式会导致企业只注重货物停留的"点"，而不注重货物在厂内流动的"线"。事实上，任何企业、任何产品，都必须存在"流动"，才会形成"停留"。例如，在物料从供应商送到生产企业的过程中，物料处于运动状态，而从送达再到仓库卸货入库后，物料就处于停留状态。企业管理者需知道，所有的停留状态都是不得已的，停留是为了能让物流更好地流动。如果厂内物流只关注某个具体部门，就变成了只关注停留状态而忽视流动状态，本末倒置。

下面是厂内物流改善所涉及的部门范围、业务范围和种类范围。

1. 部门范围

厂内物流改善的范围包括从原材料进厂到成品完成的过程，其中涉及仓储部门和生产部门，包括原材料、半成品、在制品、成品的储存与流动。同时，对厂内物流的改善，还需着力消除物流中的工序瓶颈和各种浪费现象，最终达到优化物流、降低作业成本的效果。这就决定了厂内物流改善所涉及的部门包括仓储部门、生产部门和 PMC 系统管理部门 3 个部门。

2. 业务范围

为了对厂内物流进行全面、系统的改善，企业有必要对物流的八大业务范围从价值层面进行解析和优化。这八大业务分别是仓库管理、运输管理、装卸搬运、配送管理、流通加工、产品包装、原材料采购和信息服务。

其中，装卸搬运、仓库管理、运输管理、配送管理、产品包装构成了厂内物流实际操作的改善范围。原材料采购、流通加工和信息服务，则属于提升厂内物流价值和效率的业务范畴。

3. 种类范围

如对厂内物流进行细分，可以将其具体分为原材料物流、生产物流和成品物流。物流过程中具体的改善点也可以根据种类不同，分为物品的停顿点和移动线路两方面。在原材料物流和成品物流中，应重点改善停顿点的功能，遵循以最少的空间存放最大量的物品的原则。在生产物流中，则应重点改善移动线路的功能，从而促使生产各工序的衔接能更为迅速、流畅。

8.3.3 厂内物流改善的三大原则

对厂内物流的改善，有以下三大基本原则。

1. 低成本原则

首先，对厂内物流的改善，投入应适当，要避免过度投入，这也是所有现场改善的基本要求和原则。其次，物流改善的目的要以降低工厂物流成本为主。这是因为工厂物流成本有很大一部分都被忽视了，而其中的浪费现象很严重。

2. 做好服务

物流的根本特征在于服务，同样，厂内物流的核心要素也在于服务。对制造企业而言，即便是企业自身的物流工作，也始终具有服务业的特性。认识到这一原则，对厂内物流管理者和工作者端正工作态度、明确工作思想，有着重要的意义。

3. 高效率原则

物流的重点在于"流"，物品的快速运转是物流体系成功的关键。对厂内物流进行改善的首要着眼点，应放在怎样提高物流运转效率上。因此，在厂内物流管理中，需重视各个设备位置的确定、物流线路的配置。其中，所有的设备布置都应方便收、发、存等物流运作；而所有线路的配置，必须遵循两个重要的法则：首先是总距离最短；其次是线路的交叉、并行和逆行不能发生拥堵与混乱。

8.4 精益物流推进流程

在 OTEP 模型中，供应链是逻辑架构，物流是物理运营，二者互为支撑。因此，精益供应链的所有管理逻辑最终都在精益物流中呈现。

精益物流的推进不可能一蹴而就，其流程应分为战略分解与制定、现象把握、要因分析、对策制定、对策实施 5 个步骤。

8.4.1 战略分解与制定

为推进建立精益物流体系，在对企业整体竞争目标和战略有清晰认识的基础上，企业需积极进行战略分解，从精益供应链的维度进行规划与实施。

精益物流战略规划，重点需解决如图 8.4-1 所示的 4 个方面的问题。

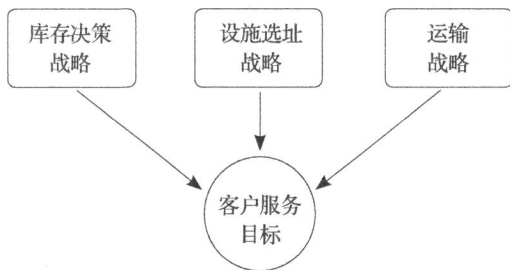

图 8.4-1　战略分解与制定

1. 适当的客户服务目标

企业应当意识到自己为客户提供的服务的水平能决定建立的精益物流是否成熟或优秀。服务水平较低，企业可以采用较为廉价的运输方式，在较少的存储地点存货。服务水平较高，则物流精益程度可能更高。然而，如服务水平超过了客户的需求目标，物流成本上升的速度就会过快。因此，做好精益物流战略规划的首要任务，是确定适当的客户服务目标。

2. 工序最优的设施选址战略

产品存储点和供货点的地理分布，是整个企业物流战略规划的基本框架。企业需考虑的内容包括物流设施的数量、地理位置、规模，以及各设施所服务的市场范围等。确定好这些内容，才能确定产品到达市场的线路。

在规划设施选址时，应考虑所有的产品移动过程和相关成本，寻找成本最低或利润最高的需求分配方案是制定选址战略的核心。

3. 零库存的库存决策战略

库存决策战略是指企业在对库存进行管理时所采用的计划与方式。例如，企业可能采用将库存分配到储存点的方式，也可能采用通过补货拉动库存的方式。此外，不同品种的产品的存放地点、运用各种方法持续管理存货的库存水平等，都会因企业采用的生产政策而不同。因此，企业库存决策的差异必须在物流战略规划中予以体现。

4. 线路最佳的运输战略

运输战略包括运输方式、批量、时间和路线的选择。这些决策受仓库与工厂、仓库与客户的距离的影响，而这两种距离反过来又会影响仓库选址决策。同时，仓库本身的存储和管理水平也会通过对运输批量产生影响，进而间接影响运输决策。

总体上看，上述 4 个方面是精益物流战略规划的主要内容，但其中每种决策都和其他决策相互联系，在进行实际规划时，企业领导者必须对各个方面之间存在的矛盾关系进行通盘考虑与协调。

8.4.2 现象把握

精益思想将不能创造价值的活动与步骤均看作浪费。在推进精益物流的过程中，有很多浪费现象的内在逻辑一致，但其表现出来的形象各异。因此，企业应重点把握以下 7 种浪费并对其进行消除。

1. 生产过剩浪费

在生产过程中，过早、过量生产会导致加工完毕的产成品又一次入库保管，等确认订单之后才组织出库。这种现象无疑会因为占用仓储空间而增加物流成本，甚至还可能由于产品失去销路而最终报废，从而导致损失增加。

2. 等待浪费

主要包括工作量变动幅度大、时常缺料、上一工序延误、机器设备时常故障、生产线无法取得平衡等。

3. 不必要的运输浪费

主要包括长距离搬运、缺乏效率的运输、二次倒运等，这些现象都会导致生产周期延长，从而增加物流成本。

4. 过度处理

在物流运输过程中，采取不必要的步骤处理物品、运输工具与产品设计不符合、提供超出需要的运输能力等，都会造成浪费。

5. 存货过多浪费

包括储存过多物料、在制品或最终成品，导致出现较长的前置期、陈旧过时品、毁损品，进而导致运输及储存成本的增加。

6. 不必要的移动搬运浪费

在物流运输中，操作员工由于不必要的弯腰、转向、搬运、堆叠等动作，增加移动搬运成本，造成浪费。

7. 残次品浪费

残次品浪费意味着物流运输中出现产品质量问题，造成精力与时间的浪费。

8.4.3　要因分析

在精益物流的推进过程中，要因分析法是最常见且重要的工作方法。这种方法是对造成精益物流现有结果的众多原因，以系统方式进行图解，从而表达结果与原因的关系，并探寻背后的原因。由于这种图的形状像鱼骨，因此被称为"鱼骨图"。

根据要因分析的目的，可以将鱼骨图分为以下3种类型。

1. 整理问题型鱼骨图

在这种图形中，各要素和分析现象之间不存在因果关系，而是构成结构关系。

2. 原因型鱼骨图

"鱼头"在右，直接描述现象或问题，特性值则以"为什么"来描述。

3. 对策型鱼骨图

对策型鱼骨图与原因型鱼骨图的"鱼头"的方向相反，"鱼头"在左，特性值通常以"如何提高、改善"来描述。

绘制鱼骨图之前，企业需根据以下内容进行要因分析。

1. 分析方法

（1）针对物流过程中发现的问题点，选择甄别方法。

（2）采用头脑风暴法分别找出各层级问题可能出现的原因。

（3）分析选取其中最重要的因素。

（4）检查各个要素的描述方法，确保其简单、明确。

2. 分析要点

（1）在确定重要问题产生的原因时，针对物流现场作业，一般应从人员、设备、物品、方法、环境5个方面着手，管理类原因则应从人员、事件、地点、物品等层面来确定。

（2）大的要因应尽量采用中性词描述，而中、小要因则需使用明确的价值判断词（不良、不佳、错误等）。

（3）在讨论过程中，应尽可能找出所有可能存在的原因，而不应仅限于对已经掌控或正在执行的情况进行分析。尤其对于人员因素，应从行动而不是思想态度上着手分析。

（4）如果某种问题产生的原因可能同时归属于两种或两种以上的因素，则应以关联性最强的原因为准。必要时，应到现场查看现在的状况，通过对条件的比较找出相关性最强的要因并进行归类。

8.4.4　对策制定

企业物流服务无论是对内还是对外都非常重要，但在现实中企业的物流管理却存在各种问题。企业要想获得足以保持高竞争水准的物流服务能力，需秉承以下原则来制定对策。

1. 正视物流管理的价值

物流转，企业就赚。

企业不能只是将物流服务看成销售服务的手段，而是要让物流以最优效率动起来。例如，由于批发商、零售商等渠道中介的销售情况不稳定，或者由于其缺乏储存产品的能力，企业必然需要提高物流服务的水平。为防止被市场淘汰，企业势必要提高物流服务水平，认识到自身的物流管理能力是提高和维系整个供应链精益管理水平的核心。从这样的精益化战略高度出发，才能制定出切实可行的物流管理决策。

2. 物流服务差异化

在决策制定过程中，企业也应努力避免盲目求大求全。相反，企业应将物流服务能力看作有限的经营资源，在确定分配策略时，应首先调查客户的需求，然后提出具有针对性的物流方案，即进行精细化与差异化管理。

3. 定期评估

企业应对物流部门进行定期评估，检查产品是否存在破损、是否有误差，服务过程中是否发生事故，客户是否提出索赔，等等。通过对客户意见的征求，了解物流服务水平是否已经达到了标准，成本是否合理。

只有在上述工作的基础上，企业才能在精益化的框架内针对具体问题，制定效果良好的具体对策。

8.4.5　对策实施

有人曾说："只要将工作从大的项目分解为小的项目，就没有任何一件工作会大到无法解决。"在实施精益物流管理时，这句话更为意味深长。

为确保成功，首先要设法让客户和供应商都参与到精益物流的推进中，并考虑如何才能更好地组织供应商与内外部物流网络的对接，确保运输、接收和管理 3 个方面的全力相互支持。

其次，在执行过程中，管理团队应清楚列出达成改善目标所需经历的过程，包括 30 天、60 天和 90 天内必须完成什么，超出 90 天时限后需要做什么，其中哪些步骤需要管理层的哪些支持，需要到哪些现场去对作业流程进行观察、学习，哪些人员来具体负责项目的管理和执行，他们需要做什么，等等。

再次，在执行过程中，应先确定步骤的顺序以进行管理。总体原则是先易后难，即先从最快、最容易获得成效的地方开始，集中精力迅速获得改善成果，这样就能激发员工的参与感。因此，管理团队应找出哪些改善项目更接近客户需求、更容易缩短交付时间、更容易增强价值流的流动性，而后加速执行相关决策。

最后，在推进精益物流实施的过程中，企业要记住这不是一次"运动"，结果并不一定立即显现，必须不断努力地执行决策，才能看到改善的成果。

8.5 智能精益供应链成本控制

智能时代已经到来。利用智能技术对精益供应链进行成本控制，将比原有的控制方法更能节约成本和突出重点。智能技术的使用，也更能突出OTEP 模型对精益供应链"低成本""按订单生产"特点的定义。

8.5.1 智能精益供应链技术

现代供应链运营的发展，经历了粗放物流、系统化物流、电子化物流和智能物流 4 个主要发展阶段。在此过程中，供应链管理技术从生产中逐步独立出来，形成系统化和电子化的模式。

相对传统模式而言，智能精益供应链技术的应用是供应链运营的理想阶段，呈现出精准、智能、协同的特点。在智能化平台的构建中，物联网发挥了重要作用，帮助上下游企业之间实现无缝连接，形成物流、资金流、信息流的三流合一。其中最重要的基础技术包括以下几种。

1.EDI

电子数据交换（Electronic Data Interchange，EDI）是一种利用计算机进行商务处理的方式。该方式将贸易、运输、保险、银行以及海关等行业的信息，以国际公认的标准格式，通过计算机通信网络，在有关企业和部门之间进行数据交换和处理，并完成供应链的精益化管理。其中的数据交换包括交易双方数据交换、企业内部数据交换等。

EDI 通常用于传送一般业务资料，如发票、订单等，其报文是格式化的，由双方计算机系统直接传送和交换，不需要人工介入进行阅读判断和操作。这也是 EDI 与传真、电子邮件最显著的区别。

2.PSO

粒子群优化算法（Particle Swarm Optimization，PSO）模拟鸟类集群飞行觅食行为，通过类似鸟类之间的集体协作让群体达到最优秀水平。在

PSO 系统下，供应链中的每个备选解被称为一个粒子，多个粒子共存、合作、寻优，其中每个粒子根据自身"经验"和相邻粒子群的"经验"，获得更好的"飞行"位置，寻找最优解，实现精益供应链的智能运行。

3. 条码识别技术

这是目前在智能供应链中使用最广泛的自动技术之一。该技术利用光电对设备进行扫描，读取条码符号，实现信息的自动录入。其中所使用的条码，是由一组按照特定规则排列的条、空和对应字符组成的符号，表示一定的信息。不同的码制下，条码符号的组成规则不同。

通过识别条码，计算机能自动获取被识别物体的相关信息，并将信息提供给后台的处理系统，完成后续的一系列处理。这样，供应链管理者就能迅速而准确地完成海量数据的自动采集与录入。条码识别技术在运输、仓储和配送等领域已经得到了广泛应用。

4. 通信与网络

在现代供应链网络中，越来越多的数据需要远程输送与交换。采用 4G、5G 等通信与网络技术，有利于加速信息共享。由于移动互联网络具有低通信成本、高联通率的特点，越来越多的企业选择将互联网作为数据交换平台进行数据通信。

互联网通信网络的即时性和准确性，能满足智能物流系统高度集约化管理的信息需求，也能保证物流网络各节点之间的信息充分共享，使企业实时掌握运输计划和仓储计划的执行情况、货物在仓库和在途的情况，准确地对货物的销售和库存情况进行预算，从而组织新一轮的生产资料采购与生产，实现整个供应链系统的高效运转。

5. 物联网

物联网和互联网有着本质的区别。物联网通过在物体上植入各种微型感应芯片，借助无线通信网络，使所有的物体相互连接，并进行数据分享。因此，互联网连接的是"虚拟世界"，而物联网则连接着真实的世界。

借助物联网，精益供应链可以进一步实现智能化运行。例如，目前已经出现了通过物联网打造的物流园区综合信息服务平台，其以物联网为依托，集信息展现、电子商务、物流配载、仓储管理、金融质押等服务于一体，为企业管理其供应链提供一站式的综合信息服务。

8.5.2　智能精益供应链管理系统

智能精益供应链管理系统是为满足企业对原材料、产品的物流管理需求而建设的。通过该系统的运用，企业能根据所获取的货物流转数据，在分析系统和信息系统的辅助下，了解供应链上下游的流通情况，降低产品供应和流通的成本。

图 8.5-1 所示为某企业的智能精益供应链管理系统结构。

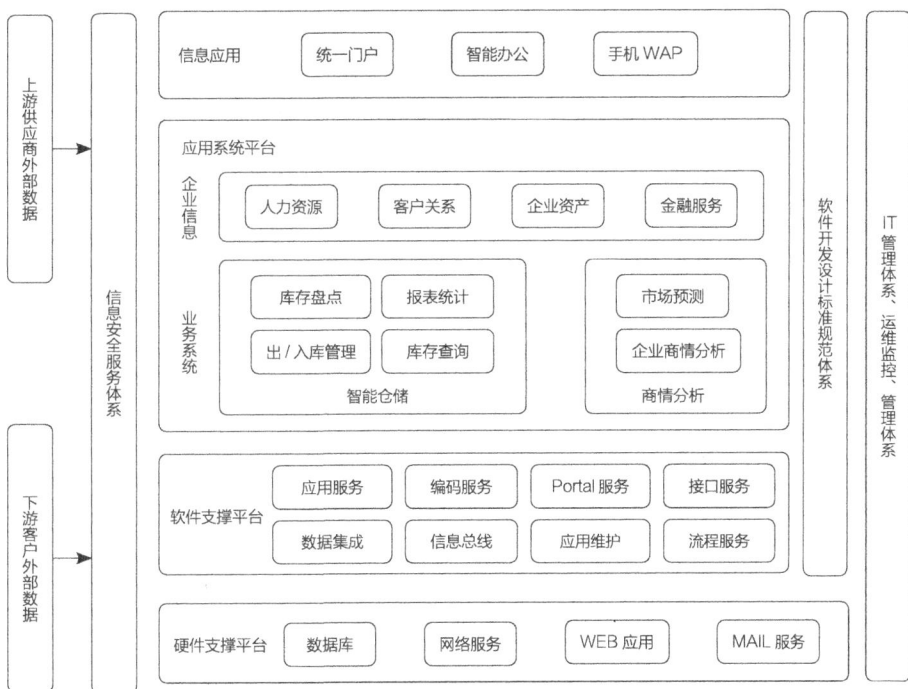

图 8.5-1　智能精益供应链管理系统结构

整个管理系统主要由以下 3 个部分构成。

1. 硬件支撑平台

该平台包括数据库、网络服务、WEB应用和MAIL服务等管理系统。这些系统能有效地收集、储存和处理供应链中出现的即时数据，并根据其出现的时间、地点和信息形成价值排序，供企业进行管理决策时参考。

2. 软件支撑平台

该平台包括应用服务、编码服务、Portal服务、接口服务、数据集成、信息总线、流程服务等管理和服务内容。这些内容为企业进一步分析供应链数据提供了坚实有力的帮助，确保企业能检测到供应和需求之间的矛盾，识别出多层供应商和客户中潜在的问题，对相应的供应商提出问题警告，并为问题的解决提供可行计划或途径。

3. 应用系统平台

该平台在硬件支撑平台和软件支撑平台的支持下，对通过业务系统获取的数据与企业实际运营的信息进行统一分析，为企业管理供应链提供战略分析与决策支持。

8.5.3 智能精益供应链信息系统

在智能精益供应链中，管理系统与信息系统有所不同。管理系统对跨企业的所有活动进行协调与整合，专注于企业内部和企业之间的整合和改进。信息系统更多地是负责企业之间的信息的协调与共享，对信息流价值的发挥进行辅助。

正因如此，在智能精益供应链信息系统中，供应链参与者共享彼此有链接的信息。这些参与者的业务关系因此变得更为牢固，各企业尽管所处的发展级别不同，但都可能凭借信息系统的运作而与其他企业同步运作，如图8.5-2所示。

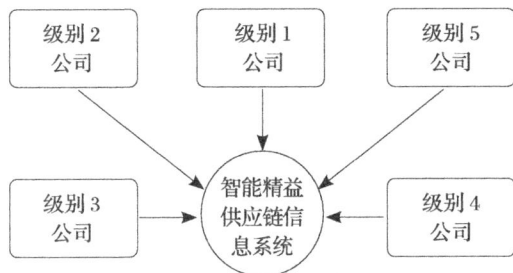

图 8.5-2　智能精益供应链信息系统

因此，企业在建立智能精益供应链信息系统时，需尤其关注集成化、标准化、协同优化的功能特点，进而了解其是否能提供供应链管理的整体解决方案。

下面是某企业智能精益供应链信息系统的构成模块。

1. 营销信息管理模块

在该模块中，信息的管理业务由销售报价、签订合约、组织生产、产品检验入库、仓库发货、财务记账、收取应收账款等组成。

2. 采购信息管理模块

采购信息管理模块包括采购申请、订货、检验、仓库收货、财务记账和支付应付款等。利用该模块，企业能拥有灵活的价格体系和价格信息查询方式，能填补采购漏洞。

3. 库存信息管理模块

库存信息主要指采购系统的录入信息、销售系统的路途信息、仓储系统的出入库单据和领料单等信息。

4. 存货信息管理模块

存货信息主要指企业现有存货价值的统计信息。该部分信息用于对企业存货出入库核算、出入库凭证处理、核算报表查询等相关资料的维护。管理该部分信息的目的在于，将企业营销业务中涉及资金和资产的部分进行财务核算，并将其反映到企业的会计报表中。

8.5.4　精益供应链与物流成本控制

物流贯穿于整个精益供应链，它连接起了供应链上的各个企业，是企业间相互合作的纽带。从某种角度看，精益供应链管理是物流垂直一体化管理的扩展与延伸，但精益供应链管理的范围更为广泛。因此，只有做好物流成本控制，才能更好地促使精益供应链为企业服务。

物流成本的控制方法主要包括事前控制、事中控制和事后控制3类，分别对应着物流成本控制过程中的设计、执行和考核阶段。

1. 物流成本事前控制

该阶段的控制通常采用目标成本法，即预算法。该方法对物流成本进行预测和决策，确定目标成本并对其进行分解，结合责任制在物流过程中进行层层控制。

目标成本法是一种对物流进行全过程、全方位、全人员控制的成本控制方法。所谓全过程，是指从供应链产品生产到售后服务的一切活动，指包括供应商、制造商和分销商在内的各个环节。全方位是指在生产过程的管理中包括了质量控制、后勤保障、企业战略制定、财务监督、员工培训等内部职能部门的各项工作。全人员是指包括高管、中层管理人员、基层生产人员和服务人员等所有人在内。

目标成本法重点考查物流作业效率、人员业绩、物流成本，以便弄清楚各项资源的来龙去脉、各项物流作业对整体目标的贡献。

对物流成本进行事前控制的方法集中运用在物流系统的设计过程中，包括物流配送中心的建设，物流设施、设备的配备，物流作业过程的改进控制和物流信息系统的投资控制，等等。

2. 物流成本事中控制

该阶段的控制为日常控制，通常采用标准成本法。该方法指对物流活动过程中发生的各项费用，如设备耗费、人工耗费、劳动工具耗费和其他费用支出等，按照预先制定的成本标准加以严格审核与监督，通过计算和分析差异，及时进行信息反馈，以此对物流管理过程进行纠正。

物流标准成本法的事中使用具有以下特点。

（1）标准成本法计算各种产品的标准成本，并不计算各种产品的实际成本。

（2）实际成本与标准成本的差异，需分别设置不同的成本账户进行归集，以便对成本进行日常控制与考核。

（3）标准成本法，可以与变动成本法结合使用，以达到成本管控的目的。

进行事中管理的关键，在于标准成本制定的合理性与可行性。企业需为该项管理事务配备高水平技术人员，并要求他们遵循相应的管理制度。

3. 物流成本事后控制

物流成本形成之后，企业应对实际物流成本进行核算、分析与考核。该部分控制属于物流成本的后端控制。企业通过对实际物流成本与一定标准进行比较，能明确物流成本的节约或浪费情况，从而进行深入分析，查明成本问题的主客观原因，并确定责任的归属，对有关单位进行相应的考核与奖惩。由此，企业能对日后的物流成本控制提出积极的改进意见与措施，进一步修订物流成本控制的标准和制度，达到控制成本的目的。